芸文庫

はじめての民俗学

怖さはどこからくるのか

宮田 登

筑摩書房

はじめての民俗学＊目次

Ⅰ　民俗学とは

Ⅱ　都市が秘める力

はじめての民俗学——怖さはどこからくるのか

I　民俗学とは

民俗学の流れ

民俗学のなりたち

民俗学は、一九世紀後半ヨーロッパではイギリスを中心に成立し、その後スペイン、フランス、ドイツ、ロシア、アメリカなどの国々に成立した。民俗学が生じた大きな原因は、文明民族のあいだに、とくに、都市に生活する知識人たちが、地方の民間に残存する古代の風習を発見したこと、そして古代の風習が比較的文書《もんじょ》には残されにくく、民間伝承として、口伝えで現在におよんでいることに関心をいだくようになったことにある。フォークロアという表現は、民間社会に伝承されている風俗習慣、儀礼、信仰、諺などの総体を対象として研究することを意味している。

日本の民俗学のそもそものはじまりは、江戸時代中期の本居宣長（一七三〇―一八〇一）や菅江真澄（一七五四―一八二九）、屋代弘賢（一七五八―一八四一）といった学者たちの、地方やいなかの生活にたいする関心からはじまっている。宣長などは、『玉勝間《たまかつま》』のなかで、ちかごろ古い文化が失われていくのは大変残念だといっている。都会では昔の習慣はなくなってはいるが、いなかのほうへ行くとそれがまだ残っていて、葬式、婚礼などの習慣がおもしろい、そこで海際の村や山奥の村をたずねていき、古い風習をとり集めてそれを記録にしておいたらよいという意味のことをのべている。一八世紀後半の日本の知識人のなかには、このような近代にも通ずるような民俗文化の認識をしている人がいたことは興味深いことである。

いっぽう菅江真澄などは、実際に中部地方、東北地方から北海道にまでおもむき、現地に滞在して、その土地に行われている伝統的な行事を収集して記録にとどめた。とくに真澄は自分の眼でみた事物を正確にスケッチしており、その図絵は貴重な民俗資料となった。たとえば信州(長野県)伊那谷《いなだに》を通過したとき、ちょうど七夕、盆のころで、七夕行事が娘たちの成女式と結びついていたり、七夕人形を飾り、人形送りをしたことなどが、図絵によって示されている。

宝暦四年(一七五四)に三河(愛知県)に生まれたとされる菅江真澄は、本名は白井英二《ひでじ》といい、本草《ほんぞう》医学の知識をもつとともに、賀茂真淵の門下であったその地の国学者、植田義方《よしえ》の影響をうけ、国学的素養もあった。天明三年（一七八三）、三〇歳の時より故郷をはなれ、信州をふりだしに、東北各地をめぐりあるき、その間北海道にもわたって、晩年の多くは秋田地方を旅しつづけ、文政一二年（一八二九）七六歳で没するまでその生活態度はかわらなかった。

この間、「伊那の中路《なかみち》」、「わがこころ」、「秋田のかりね」など『遊覧記』とよばれる旅日記七〇冊を書き、その他、随筆や地誌なども多数残している。絵を描くことも巧みであり、日記のさし絵には美しい色彩をほどこした。たとえば、「男鹿の寒風」にある小正月の夜深く、家々を訪れる若者が扮するナマハゲの克明な描写などをはじめとして、随所に貴重な民俗にかんする図絵が収められている。これらの絵入りの遊覧記は、わが国民俗誌の先駆的業績として高く評価されるものだろう。

幕府の寺社奉行手付《てつき》であった屋代弘賢は、儒者であったが、同時に地方の日常生活に深い関心をもっていた。彼は、文化一三年（一八一六）ごろ、年中行事、冠婚葬祭などについての質問項目をつくり、これを全国の各藩に配布した。それは現在のアンケート調査のはしりといえる。しかし、質問の不備から、予期したような返答は少なく、ただ行事があるとか、ないとかといった回答しかもどらぬ場合が多かった。なに

『菅江真澄民俗図絵』より、「伊那の中路」にみられた七夕踊。
（辻兵吉氏蔵・岩崎美術社刊）

よりも返事がかえってきた絶対数が少ないため、十分な成果は得られなかった。しかし、彼の方法は未熟とはいえ、それでも二三篇ほどの回答があって、それらは当時の民俗にたいする人びとの関心度を知るうえできわめて貴重であり、日本の民俗学における積極的な民俗収集の最初の試みとして評価されている。

柳田国男《やなぎたくにお》と日本の民俗学

日本の民俗学の体系化を試みたのは柳田国男である。民俗学は古風なものへの関心から、過去の日常生活を再構成する方法をつくりだしたが、重要なことは、たんなる古い風俗習慣を収集して記録に残すというやり方だけではなく、民俗学がすぐれて現代科学であるべきことを柳田は論じたのである。彼は現代の課題にとりくみ、私たちの日常の生活文化のなかにひそんでいる文化的な意味を発見することを一つの目標においたのであった。

しかし一般的には、民俗学というとなにか古くさい昔の出来事や昔話をならべてきて、ただ昔は良かったものだとなつかしむための回顧の学問ではないかという理解がある。民俗学をはじめて生んだイギリスにしても同様の出発点であり、民俗学の創始者の一人ゴンムが、『歴史科学としての民俗学』を著して理論的にととのえ、民俗学を科学として成立させるまでに、いろいろと試行錯誤がくり返されてきたのであった。そして日本における柳田国男もまた同様のプロセスをたどっていたのである。たとえば、柳田は趣味的な好事家となることを嫌った。道ばたにある小祠《しょうし》に注目しても、それが生殖器崇拝の道祖神のご神体であると、それらをやたらに集めて奇習として説明することを批判した。むしろなぜ性器を境界に置くのかを分析するように主張した。彼の最初の作品『石神問答』をよむとそのことがよく分かる。

柳田国男（一八七五―一九六二）は、兵庫県神崎郡福崎町に生まれた。一三歳のとき長兄鼎《かなえ》のいる茨城県北相馬郡布川町布佐《ふさ》に移住した。幼少のころより読書好きで、布川において江戸時代の民俗誌である赤松宗旦《そうたん》『利根川図志』などを読んでいる。一五歳で上京し、次兄井上通泰のもとに身を寄せ一高、東大の青春時代に文学活動にはげみ、森鷗外、田山花袋、島崎藤村らとの交流があった。いっぽう東大では農政学を学び、明治三三年（一九〇〇）卒業後農商務省の官吏生活にはいり、農政学者としての活動も行った。そして明治四〇年代にはいってから、急速に民俗学への道を歩みはじめたのであるが、その一つの契機となったのは、明治四一年の九州・四国旅行だといわれている。

そして明治四二、三年にかけて『後狩詞記《のちのかりことばのき》』、『石神問答』、『遠野物語』とたてつづけに三冊を著し、民俗学への第一歩を踏み出したのであった。民俗学史上、彼の民俗研究が普遍化していく道筋をつくったのは、大正二年の高木敏雄と共同編集の雑誌『郷土研究』の公刊である。郷土誌とか郷土史という表現は、郷土研究の一つの側面を示しているが、すべてではない。柳田国男による郷土研究の意義づけには、彼なりの独自の見解があった。それは二点ある。一つは郷土研究が「郷土を研究しようとしたのでなく、郷土であるものを研究しようとした」こと。そこで「あるもの」は何かというと、「日本人の生活、ことにこの民族の一団としての過去の経歴」なのである。

郷土研究は、とどのつまり日本文化の基礎的研究であった。郷土人の意識を通し、まず郷土の日常生活を知ることを前提として、さらにそれを大きく総合していくのである。こうした柳田国男の郷土研究にたいする考え方とくらべて、当時の一般的理解はちがっていた。それは郷土誌や郷土史の編纂事業、郷土だけを研究することが、郷土研究の中心となるべきだとする方向であった。それぞれの郷土の事情を明らかにすることによりその目的が達成されるものとみる郷土研究と、柳田国男の全国的視野に立つ視点との相違は、その後の日本民俗学の性格を知るうえに重要な鍵といえるだろう。

日本で民俗学という語を定着させるまでには、いろいろと変遷があった。フォークロアという語の訳語について諸説があったためである。すなわち民間知識とか俚譚《りたん》俗信が内容としてふさわしいものだが、結局それらを包括して民間伝承となった。だから民間伝承を学問の対象とする場合に、民間伝承学でもよいことになる。フォークロアが日本に紹介された時点では、上田敏はこれを俗説学と称し、南方熊楠は俚伝学と翻訳したが、多くの学者は、土俗学で統一している。

大正二年に柳田国男は『郷土研究』を名のっていたが、いっぽうで石橋臥波《がは》は日本民俗学会を結成し、その機関誌を『民俗』と称して発刊した。この『民俗』に集まった学者は、考古、文学、歴史、言語などを専門とする、いわば学際研究の場のようであった。しかし民間伝承にそくしてはいるものの、素材は文献であり、その考証に終始していたのである。

民俗学ということばについては、その使用の仕方について、大藤時彦が考証している。それによると、柳田国男は民俗学をフォークロアの訳語にするについては、時期尚早であることをいって、むしろ「郷土研究」のほうに力を入れていた。しかし個人的には、明治四三年刊の『石神問答』のなかで、「民俗学」を用いている。また南方熊楠もあまり意識的ではないけれど、民俗学、フォークロアなどの語を用いる場合があった。柳田も南方もともに雑誌『郷土研究』の仲間として、民俗学の語を用いていたことからしても、民俗学の語の使用についてまったく違和感をいだいていたということにはならない。

大正一五年、柳田国男は「日本の民俗学」と題した講演を行っているが、そこでもやはり名称を気にしており、とくにフォークロアかあるいはエスノロジーの訳語として適当であるとのべている。エスノロジーについては、その後、民族学、社会人類学、文化人類学の多様な訳語が採用されるにいたっているが、柳田自身は、エスノロジーが発展していくと、国民的な方向、すなわち国内の民俗研究に結実するのではないかと予測している。土俗という語感に嫌悪を感じていたという柳田は、民俗誌、民俗学をエスノロジーにも使おうとして、フォークロアとエスノロジーの区別をしていない。しかし国内の一国民俗学と諸外国の民俗学という分け方がある程度あったらしい。そして前者がやがて一国民俗学となり、日本民俗学へと展開するのである。興味深いことは、民俗学はエスノロジーの訳語とされ、フォークロアは平凡な大衆の生活誌ということになり、それを庶民生活誌というべきだとした柳田の主張である。すなわち人類文化の全体を知るためのエスノロジーは、それぞれの民族が自らの文化を知る必要があり、フォークロアはそのための唯一の研究方法となるというのであった。そこに自国の民族を知るという意味での日本民俗学が成立することになるというのである。

この主張はのちに柳田が「一国民俗学から世界民俗学へ」という考えを鮮明にしたことに通じているのである。

これは、『民間伝承論』のなかで論じられた筋書であり、まず出発点は自分の身近な家の中、そしてその周囲から近隣、村といった自分の住む地域を明らかにして、やがてその観点が日本の列島内におよんでいくと、同様な方法で広がってきた隣接の諸民族との比較が可能となり、ついにはその方法が世界中に行きわたるというのである。昭和の初期の段階では、エスノロジーが民俗学であり、フォークロアは庶民生活誌の郷土研究という認識があった。つまりエスノロジーは独立科学であるが、フォークロアはまだ独立していないという思いが強くあり、民俗学をフォークロアそのものに比定するにはいたっていなかったといえるのである。

折口信夫《おりくちしのぶ》の民俗学

ところで大正一四年（一九二五）に雑誌『民族』が創刊され、四巻三号までつづいた。『民族』には比較研究をめざして、全国各地から民俗資料が報告されており、それは、人類学、考古学、エスノロジーなど多岐の分野にわたっていたが、昭和四年（一九二九）に休刊した。次にはっきりと「民俗学」と銘うった雑誌が折口信夫を中心に創刊された。「民俗学」を名のっているにもかかわらず、柳田国男は参画していない。むしろ折口信夫が積極的にフォークロア論を展開した。折口は民俗学はエスノロジーではなくてフォークロアであり、それは民間伝承であり、土俗学にも相当するとのべている。

折口の規定で興味深い点は、民俗学はまだ独立できずに他学の補助学の立場にあるけれども、民俗学は本来、他の学問にたいして、民間伝承を民俗学的に研究することによって、特徴づけられるとしていることである。すなわち研究態度が民俗学なのであり、その対象が民間伝承ということになる。このように、雑誌『民俗学』には、折口民俗学の基本がおりこまれていることになるが、柳田国男の態度はまだ判然としていない。

折口民俗学の主張を横眼ににらみながら、昭和九年（一九三四）に柳田は『民間伝承論』、つづいて昭和一〇年に『郷土生活の研究法』を公刊した。柳田民俗学の基礎が固められたのである。さらにこれらの著作に加えて『国史と民俗学』が公刊された。叙上の三部作はいわば柳田民俗学の方法論とその概念が集約された内容なのである。

ここでそれらを一つ一つ十分に要約する余裕はないが、重要なことは、柳田が民俗学は自己内省の方法の一つと考えたことであり、それがエスノロジーにとって必要であるという理解である。その場合、まず出発点に郷土研究としてのフォークロアがあり、それがやがて世界民俗学としてのエスノロジーへと発展することを、一つの理想としていたことが明らかであった。

しかし現実には、フォークロアは国内の民間伝承を文化史的に再構成していく道をたどり、エスノロジーは、国内よりも海外の諸民族の研究の方向へと、大きく分化していく状況になったのである。

現実に生活している庶民の日常的な出来事のすべてにわたる生活文化をとらえるこ

ことばとしてフォークロアがあり、これを庶民生活誌と翻訳し、さらにそれを包括することばとして民俗学が設定された、といえる。これを日本における自国民の民俗学として体系化するについて興味深い点は、柳田国男と折口信夫の二人の先達のあいだに認められる考え方の相違である。柳田は民俗のもつ深層、すなわち心意伝承に到達することを目標とし、日本の歴史的な伝統の流れのなかで日本文化論を構成しようとした。いっぽう折口信夫は、現代のなかにある古代の存在をとらえる研究方法を民俗学とみて、そうした民俗学的方法を重んじていた。すなわち、折口にとって民俗学は研究態度であり、その対象は現代のなかの古代なのであった。

このように現代の民俗学の潮流には、戦後の高度成長期を経た現代社会の状況を踏まえたうえで、私たち庶民の日常性にひそむ文化的伝統を発見しようとする営みがあるのである。

現代社会とフォークロア

よみがえる女人禁制

たとえば昨今の話題の一つに「女性は土俵に上がれないか」という、いわゆる女人禁制というフォークロアがよみがえったことがある。女人禁制などの表現は、すこぶる古めかしいもので、ちかごろの若者たちのあいだで、ことさらとり上げられる筋合のものではない。それが新聞の三面記事をにぎわしたのである。しかも注意して見ると、現代に逆行して、女性を排除する慣習のあり様が毎年一、二回はかならずこうした新聞記事になっている。

一九九〇年、森山真弓内閣官房長官が、大相撲の千秋楽に優勝力士千代の富士に内閣総理大臣杯を授与するために土俵に上がるか上がらないかということが話題になった。日本相撲協会は、この女性閣僚の申し出をことわり、女性を土俵に上げることはできないと宣言した。二子山理事長は、「伝統・文化は守っていかなければならないし、こういう社会が一つぐらいあってもよいではないか」と反論したのである。

当然これをアナクロニズムとして批判する意見がきわめて多かったことを記憶している。伝統慣習をたてにとった大相撲の存在は、明らかに女性差別につらなるわけである。それ以前にも、トンネル工事開通式に女性が参加することを拒否されたり、お神楽を取材中の女性記者が、神楽の舞台にのって写真を撮ろうとして、近くにいた役員に引きずりおろされたことがあり、憤然とした女性記者が抗議したこともあった。

トンネル工事、相撲の土俵、神楽の舞台と、これら三つはまるで無関係のようにみえているが、共通していずれも伝統的な女人禁制の空間なのである。そこには女性を不浄視し、差別している日常意識が表現されているといっても過言ではない。女性の生理や出産の前後、女性はムラから隔離された小屋にはいることをごくあたりまえとする日常意識が、記録、伝承の上では約四〇〇年間くらいは定着していたのである。

明治初年に新政府は、各地の神職たちが、氏子の生活を規制することを禁止した。その結果、月水《げっすい》（月経）のケガレとか肉食のケガレなどについて、神社側で禁止を強要できなくなることになった。かくて表向きは、女性の不浄による女人禁制をうたうことは認められないことになった。それ以来すでに一〇〇年以上を経過していながら、なお先に記したようなトラブルが毎年くり返されているのも事実なのである。

長崎県下のトンネル貫通式で『読売新聞』の女性記者が取材をことわられた話もある。その理由として報道されているのは、「山の神が嫉妬して事故を起こすというジンクスがあるから」というのである。これは高度文明社会におけるフォークロアであり、世間にまかり通る話ではないとインテリのだれもが思うことだろう。

しかし山の神という神格は全国各地に祀られる山間部に働く人びとの守護霊なのであり、山仕事をする人たちがこれまで大切に祀ってきた。平地に住む農民たちも、春から秋にかけて田圃を守ってくれる田の神が秋になって山にもどると、山の神になると信じていた。また「家の女房は山の神」という室町時代ごろからの口碑《こうひ》もある。これは山の神が出産する女神とされていたことが前提となっている。

山の神はたくさんの子を産む生殖にかかわる神であり、現実の生活では、家の主婦に相当する。家庭内において実権をもっていて、家人を守り、亭主の浮気にたいして激怒するというイメージは、室町時代にもはっきりしていた。男の仕事場に女性がはいりこむと、男を守る嫉妬深い女神が怒るのだという揶揄がそこにこめられていたことも分かる。こうした山の神信仰は合理的思考からいえば迷信というべきなのであり、現時点でそれを全面的否定はすぐできるはずなのに、やはり毎年くり返しこの問題が起こってくるところに奥深い日本文化の深層がうかがえるのである。

若い大学生たちにこの問題について感想を求めたところ、女人禁制についてはふつうのおとなたちがこれをナンセンスとしてしまうのにたいし、むしろこの場合は差別ではないのではないかと主張する学生がいた。相撲協会や山仕事にたずさわる現場の人たちが拒否していることが問題なのだといい、女性の官房長官や女性記者がそれを承知で申し入れたり、取材した態度のほうがおかしいのではないかというのである。伝統とか慣習と称してそれが現代になおなくならないという背後の隠れた意識をきちんと見据えるべきだという主張でもある。

女人禁制というより、これは女人愛護ではないかとかつて柳田国男はのべていた。たとえば、日本の山岳信仰に女人禁制があり、山中にはいった女性はある一定の境界をこえて登ることができない。境界には結界石が置かれ、そこをこえた女性は石になってしまうといったタブーがともなっている。

その地点が八合目あたりで、それ以上の難所には登る必要がないという説明もある。

女性は結界の地に来れば、山頂に登ったと同じ意味になるというわけだから、むしろ女人愛護ではないかという理解なのである。それが土俵や神事のタブーと同質なのかどうか判断しにくいが、この論争は今後はたしてどのように展開するだろうか。

理屈では割り切れない世界

右の事例でみたように、女人禁制の慣習は、中世以来約四〇〇年間、一般社会に普及してきたものであった。そして女人排除あるいは女性隔離を行うことは、血痕を不浄視する観念が前提となっている。しかもそれは論理をこえたところに成立しており、合理的な解釈だけでこれを一方的にナンセンスとする議論はまかり通るけれど、それでは十分な説明にいたらないのである。

女性を排除するフォークロアが、禁忌という心意伝承にかかわることを明確にして、それを歴史的に再構成してみるのが、民俗学的方法であり、このことが研究対象となりうるのは、あくまで現代の社会問題として突出した出来事となるからである。なぜそれが現代社会の生活を規制しているのか、不浄や血のケガレの文化伝統を明らかにするという視点をもつことが、民俗学的態度の第一歩になるのだろう。

現代文明社会の世相のなかに、非合理的思考や神秘主義にたいするあこがれのような心意が存在していることは注目に値する。たとえばお化け、妖怪、オカルトなどが一種の流行現象を示していることにたいして、表面的な現象の基底を流れている文化の伝統の存在を究明しようとする民俗学的態度が必要となるだろう。一般に情報化社会では、マスコミが仕掛けてブームをつくりだす傾向がある。妖怪現象などもその一例で、東北地方のザシキワラシなどの実体イメージを創出してみせようとするテレビなどの試みなどもある。

妖怪やお化けについては、明治時代の井上円了《えんりよう》の妖怪学研究が有名であり、大正から昭和にかけて、柳田国男の関心も高く、のちに『妖怪談義』が著わされている。現代のおとなたちも、妖怪への関心が子ども心にあったことを記憶しているのであり、深夜墓地へ肝試しに行った思い出を語りだせばお化け話はつきないだろう。

墓地でよく見かける人魂の話は、今でも各地からの体験談として聞かれる。怪火のフォークロアで、興味深いことは、これを科学的実験で証明しようとしたことである。人魂の発生は可能であるという学説が物理工学の上では明らかにされたが、どうしても理屈では割り切れない部分が残った。そうした部分が民俗学の研究分野になってく

井上円了の『妖怪叢書』より、妖怪朧車（影森奇蝶筆）。

るのである。そこには文明社会であっても人間にはいつも非合理的な存在を、消滅させないで温存させたいという心情があるように思える。

日本人の国民性の調査結果の統計をみても、日本人の生活意識のなかには、あの世とか占いとかお守り、おみくじにたいする関心度がきわめて高いことが知られ、非合理的思考の指標である霊魂の存在を肯定する人が約六割強の比率を示しているのにたいし、否定する人びとは、約四割弱となっている。そこで妖怪などの存在は、あいまいとした境界領域に顕著な代表的事例の一つになるのである。

あいまいとした境界があると、そこを基準として、向こうの世界すなわち異界・他界と表現される場所が、こちら側の現実世界とは離れて存在していることが分かる。異界が現世に顕在化する場合、現世におけるものの存在の仕方とは異なるため、こちらがわからみると、一見グロテスクな形状をとるのが典型的な妖怪イメージなのである。

人魂は、タマという原初的な形をとっているが、人魂がさらに具体的な形をとると幽霊のイメージとなり、それが図像化されてくる。幽霊は、人魂のなかでも霊的なパワーがより強く表われている。とりわけ怨念をこの世に残している存在として描かれることが知られている。幽霊は明らかに御霊《ごりよう》信仰の一つの変形とみられる。ただ怨念は時間の経過とともにしずめられ、やがて善なる霊としてあがめられるというケースが多い。しかし、幽霊となって現れる最初の段階には、この世に残した怨念が恐ろしいイメージとして具現しているのである。

妖怪を求める心

戦後の妖怪のうちで代表的存在となった口裂け女は、もう一〇年ほど以前に引退してしまったようだが、一九八九年の春ごろからはまず人面犬が登場した。そして九〇年の春からは人面魚の話がでてきて、さらに人面木まで登場している。人面をもった犬や魚や木の妖怪変化と分類できるが、怪談のルーツとしては、かならずしも新味のあるものではない。

人間の身体部分が独立して怪異を示すのは、怪異譚の常道と思われる。生首や、片手、片足などが身体をはなれて、変形するというモチーフは薄気味悪いものだろう。だから人間の顔をもった魚や犬などは、異様なイメージをあたえるのである。

人面魚は、山形県の善宝寺境内の池にすむ鯉らしいが、聖なる池には片目の魚や、半身だけという魚の伝説が多い。柳田国男は、これらは神仏に帰属する特別のいけにえの魚であり、一般の魚と区別されたために、特別あつかいされたと説明している。現代に流行神《はやりがみ》化した善宝寺の人面魚を支える共通する心意がたどれるのである。

人面犬については、石丸元章の興味深いレポートがある（『朝日ジャーナル』一九九〇年一月一二日号）。それによると、たとえばレストランの裏で汚い犬がごみをあさっていた。追い払おうとすると、犬がふり返って「なんだよ」と、ひとことしゃべった。それは胴体が犬、顔は人間だったという話。

東名高速道路の追い越し車線を走る犬がいる。その犬がくるりとふり返って、ニヤリと笑ったが、それは人の顔をしていた。運転者はビックリして大事故が起きたという話。

また人面犬は筑波大学がＤＮＡの実験中につくった生物であって緑色のウンコをするなどと語られている。

人面犬のうわさが世間に広まっていく経路が追跡されているが、うわさの潜在期、誕生期、目撃期、混乱期、増幅期というプロセスをとり、さらにその特徴は、マスメディアの介在である。すなわち、テレビ、ラジオなどの放送によって、その存在を知ったという説明が多い。

人面犬については、バイオテクノロジーの実験の失敗が生みだした妖怪とみなされていたり、ハイスピードで動く高速道路の原因不明の事故と結びつけられて語られている点などに、現代社会のもつ不安の心理が反映するストーリーがともなっており、かなりリアリティのある都市伝説といえよう。

人面魚も人面犬もメタモルフォーゼ（変身）の一種ともみなされるが、とりわけ人面が強調されていることが一つの特徴であり、そこに何か意味があるのかもしれない。ところで、最近話題になっていた人面木の事例は、千葉県八千代市の公園内のケヤキの大木の枝の切り口が、人間の顔に似ているという人面木で、新聞、テレビなどで報道された。多くの見物客がやってきて、ついに人面木の前に賽銭箱が置かれるにいたったというが、これも江戸時代以来の流行神化したケースでもある。

この人面木を見ると、直径六〇センチほどの木の、三カ所ほどの切り口に、夜間に街灯の光があたると、その切り口があたかも人の顔にそっくりになっている。八月中旬ごろ、公園近くの接骨業の男性が発見してその木に注連縄《しめなわ》を張りめぐらして、「ゆりの木観音」として祀った。そのうち人面木にさわるとご利益《りやく》があるという霊験が語られだし、そのうわさがどっと広まって、お賽銭も一〇日間で約一万五〇〇〇円ほどになったという。

神霊が降臨する樹木信仰のうちでは、その形が異常な樹木にたいして、さまざまに牽強附会された伝説が生まれやすいという傾向がある。木の切り口をよく見ると人面に似ているという話は、どの木にもありうることなのであるが、それが「ゆりの木観音」に祀りこまれてしまうところに、妖怪現象の不思議さがある。

こうした妖怪を求める心情は、現代社会においてますますエスカレートしそうな傾向があり、それが日本の民俗的な文化伝統とどのようにかかわっているのか、また現代人の潜在意識とどのようにつながっているのかという問題が生じてくる。現代の妖怪現象の一つ一つに民俗の基層との関連が考えられるのであり、そこに妖怪の民俗学的研究をとりあげるおもしろさがある。

このように具体例としてあげた女人禁制にしろ、妖怪にしろ、ともに従来の民俗学の伝統的なテーマであった。そのあつかい方は、両者ともひと昔前の非合理的思考の産物としてとらえ、近代以降の日本社会にはほとんど適応しない民俗要素とみるのが一般的であった。柳田国男が民俗学の体系化をめざし、庶民生活誌をつくろうとした昭和初期の段階では、叙上の二つのテーマは、いずれも都市生活からはなれた地方の農山漁村から民俗資料を収集することを当然としていたことは周知のとおりである。しかし私たちが、この二つのテーマを現代社会においてとらえる場合には、先に記した事例からも明らかなように、地方のいなかで起こった出来事ではない、むしろ現代の大都市のなかに生きているフォークロアなのである。その点に現代民俗学からのアプローチが必要となってくるのである。

「都市」へのアプローチ

現在への問いかけ

このように、現代の都市に視点をすえることを強調したのは、柳田国男の門下生の一人桜田勝徳であった。彼は、民俗を古風なものとしてしかとらえようとしない当時の学界の風潮に反して、近代化と民俗のかかわりを積極的に追求したのである。

桜田は、柳田のように「常民」を村の中にとらえてゆくだけでは、日本文化の全体像を十分にとらえることはできないのではないかと指摘した。たとえば現代日本は、東南アジアなどの発展途上国に経済的な侵出をくり返しながら成長を遂げていき、いわゆるエコノミック・アニマルなどといわれているけれども、その担い手は、柳田が問題とした「常民」とはちがうものであって、「常民」の伝統の枠組だけではとらえられないのだという。具体的に桜田が問題にしているのは、宿場町なのであった。

宿場町の景観をみると、通りの表側には商売をする店の生活があり、裏手のほうでは田畑を耕す農業生活がある。通りに面した表では、商品を売るための商人の顔があり、裏側には農民の顔があるというような二重生活のスタイルがあった。そこには、エコノミック・アニマルとしての日本人のもう一つのモデルが見出せるのではないかというわけである。

重要なことは、宿場町が、つねに人やモノそして情報が集まっては流れてゆく空間でもあり、それが「都市」の問題と重なってくるということなのである。そうした宿場町の人びとの生活のあり方とは、それまで民俗学が主要なコンセプトとしてきた「常民」やムラという枠組ではとらえきれない、別のものなのではないかという疑問が提出されていた。

ここでいう、宿場町の民俗とは、たんに日本の伝統的な宿場町を見ていくという以上に、一つの「視点」なのであり方法としての「宿場町」としてとらえてもよいだろう。「都市民俗」という領域もそうした問いかけの延長線上にあるといえる。そして、場合によっては、ムラの中にはいって、より古風なものを考えるよりも、常に動いている側面、ムラの中心からはずれていくような人びとなどに注目してゆくという研究方向がありうるのである。

また宮本常一《つねいち》が指摘した世間師といった世渡りしながら情報を伝播させている存在も、同じ視点に通じるものと思われる。そうするとこれまで見ていたムラも、異なった様相を見せてくるのではないかと思われるのである。

民俗学というと、実際面では文化財保存に精をだし、地方の行政や文化庁などとタイアップしながら民俗が古いまま保存されることを願い、その資料を記録する。そして報告書を作るとそれで満足して終わってしまう。じつはその後にそうした資料を抽象化しながら現代社会に必要なコンセプトを提示してゆくべきなのであるが、その点を怠ってきたといえよう。

ただ民俗資料を集めてきて、それを類型的に分類して保存する。民俗資料を保存しておくということだけでも、現代の民俗学の価値があると考える立場もあろう。しかし桜田勝徳や宮本常一、そして柳田国男が、いずれも自らが現に生きている「現在」そのものへの問いかけを主張していたことを再確認する必要があろう。

これまでの民俗学は、古い珍しいものを発見していくための調査を、暗黙のうちによしとしてきたところがあった。古風な資料だけをおさえようとしたため、現代社会のダイナミズムから取り残されかかっている。そうした態度ではなくて、現実に変化している、というより、現に動いているフォークロアそのものを見つめてゆく姿勢が必要である。まず話者から自由に「現在」を語ってもらう方法を拒否しない姿勢が、研究者として大切なのである。インフォーマント（話者）たちが、今、何に喜び楽しみそして何に怒り哀しんでいるか、そこから現在に生きる者同士として調査者と語り手との間に、共通の問題が生まれてくる可能性がでてくるのである。

近代以後、帰去来情緒とか、故郷回帰の思想が強まり、都会に住んでいる人間が、自分たちの生活にないものを求め、何か古いものに惹かれていくことはあるだろう。そうした思潮が民俗への関心の大きな前提だった。都会育ちの大学生が、地方へ旅に出て今まで自分が経験したことのないものに出合って呆然とする、それはその人にとって大切な経験なのである。

民俗事例の一つが、かりに民話であってもよい。ささやかな民話からはいっていって、かならず現在の自らの生活のなかにもどってきて、現代社会に生きつづける人びととの葛藤とか生きざまにつなげるというところに、取り組まなければならないのである。そのことが、現代の民俗学にとって重要なこととなっている。

そして他の学問分野とか、在野に強く展開している思想と交わりながら、新たな学問を創ってゆく必要があろう。都市だとかムラだとかいった分け方ではなくて、まず私たち自身が生きている「現在」が中心でなくてはならないのである。「現在」という状況のなかで生きる私たちが、それにどう対応してゆくかという姿勢を持たねばならないことになる。だから古い習俗一般を探るという説明をこえて、それが現代にいかなる意味があるのか、そしてそこから近未来の「現在」に向かって問いかけるような民俗学の立場でなければならないのである。

現代民俗学の課題

民俗学が現代ととりくむ場合、これまでのフィールドが、農山漁村に限定されていたことは片寄りすぎであったといえる。そこで積極的に町のなかにはいり、時代の流れの中心に接近するというごくあたりまえの研究態度が近年定着してきている。たとえば大都市に語られるフォークロアを対象にしてくる。現代の都市には、さまざまな人の恨みや怨念が漂い、それらが安住する場所もなく都会のなかによどんでいる。そうしたものが怨霊とか悪霊と化し、さらには幽霊などの祟りのフォークロアとして語られているのだという思いがある。街を歩いていると、ふとそうしたもののけのようなものが向こうから迫ってくるような気がしてならないと感ずることがないだろうか。それは隠れた都市の闇の領域と規定されるのだろう。

都市空間が、さまざまな不思議な物語が発生するような領域を抱えているということは、そこに都市民が、特別な感覚を集中させているからであり、その空間からさまざまなフォークロアが語られだす必然性がある。現代都市の人工的に造られた明るさのために追いやられてしまった世界が別にあり、そうした明るい世界と闇の世界との結節点を象徴するような、辻や三叉路が街のなかにはかならず存在していて、その背後には隠れた見えない領域が蠢いているのである。

大都会に怨霊や祟りがしばしば語られるということは、やがてこの世の終わりを告げるという道筋としてそうなっているのだ、という見方もあるかもしれない。しかしそれは、決して負の要素として考えるべきことではなくて、むしろ、現代に生きる人間としてはごく正常なものではないかと考えることができるのではなかろうか。無機質化されつつある都市は、そういう思考をもつ人びとの生活の営みによって、ふたたび人間のものとして蘇ってくるのではなかろうか。そこに、都市のフォークロアが現代に問いかけることができる主張の一つがあるように思われる。

私たちの身近な出来事をうみだしている根っこの部分には、前代の文化的伝統が秘められているにちがいない、それが民俗文化の一つの核を形成しているはずだという前提が、現代民俗学の課題としてつねにある。しかしこうした視点は民俗が通時代的性格を帯びているために、なかなか本質をつかみきれないうらみもある。

いっぽう、民俗は一つの時代がうみだした産物であるから、それはつねに変貌、あるいは変化した相を浮かびあがらせているという認識もある。その結果、世相という断面で、目まぐるしく変化している民俗の状況をとらえていく方法が、民俗学には必須となってきている。私たちが表面的にとらえる民俗は一つの文化現象として、水のあわのように浮かんでは消えるといった消長がくり返されているが、もしその基層まで降りていくなら、そこによどんでいる文化要素はシンプルな形であって、それが表層に展開している変化の状況を規制しているという認識は認められるものだろう。つまり文化の表層を規定する基層部分に探りを入れることが、民俗学的態度、あるいは方法なのであり、そのためのコンセプトはきわめて重要なのである。

ハレとケのとらえ方

二元論では解けない社会

これまでの民俗学において、日常の生活文化を分析する概念として、ハレとケが定められて久しい。けれどもこの概念の具体的適用になると、しばしば混乱が生じている。民俗知識の集約からいえば、ハレは晴れで、日常生活のなかで特別に改められた時間と空間を表現する語であることはすでに証明されている。

晴れの概念としてとらえられる典型的な事例は、公的な儀礼である。たとえば年中行事のお祭りをはじめ、さまざまのイベントによく表現されている。ハレの時間、人びとは晴着を着て、ご馳走を食べて過ごす。いっぽうケのほうは、日常のごく普通の時間を表現する語とされている。ケには褻の漢字があてはめられており、その使用例は少ないけれど、民俗語彙としては成立している。褻の表現は、公にたいして私的な立場である。たとえば朝起きて顔を洗い、飯を食べてから仕事に従事し、夜には家に帰って寝るという日常生活のリズムのくり返しをさしている。

ハレとケの概念について、これを対比するものとみず、相互補完的な構造をもつことを指摘した伊藤幹治《みきはる》は、ハレとケの概念により日本文化の内在原理を求めようとした。「日本の民俗社会に表象されるハレとケの世界は、時間的にも空間的にも柔軟性に富んでいて、固定化されず、しかもそれぞれが相互補完的関係にある」という前提には、日本社会が水稲栽培を基調とした四つの季節からなる構造をもつゆえに、継続した時間としてのハレの季節とケの季節が存在しにくいという説明がある。

ハレとケの概念を、聖俗の対立した二元論にあてはめる考え方は、これまで有力な立場を占めていた。フランスの社会学者E・デュルケムによる聖と俗という二つの概念は、この両者が絶対的に対立し、かつ相互に共通性をもたないとしている。さらに聖には両義性がある。聖の観念は、浄と不浄、吉と凶というような相異なった神秘的な力が宿っているとみられる。

こうしたデュルケムの学説の基礎には、中央オーストラリアの部族社会の社会生活の実態があった。たとえば中央オーストラリアには明確な雨季と乾季の対立があって、必然的にその風土に根ざした社会生活の二元化が行われた。すなわち乾季になると集団が分散して、労働を中心とした俗なる日常生活が営まれるのにたいして、雨季の場合には、人びとが集団となって祭りを中心とした聖なる生活が営まれるという。このように聖と俗の二元的対立と規則的な交替とが、一つのリズムを形成し、そのリズムに対応する社会生活が二元化された。聖と俗はそうしたプロセスが反映しているという考え方にもとづいて成立している。

ところが、日本の伝統社会を考えると、一年間が稲の種子をまいてから収穫にいたる時期と、稲が収穫されてから播種《はしゅ》するにいたる時期とにはっきり二つに分化されるわけではない。たとえば前者は農繁期にあたり、人びとは労働を中心に過ごし、それにたいし後者は農閑期にあたり、お祭りを中心にするという過ごし方は不可能なのである。

お祭りは農閑期に集中しているわけではなくて、強いていえば農繁期と農閑期の境目にあたる春と秋に典型的に表われている。夏と冬のほうは稲作のリズムとは直接関係してこないが、夏には夏祭りがあり、冬には冬祭りを行うのが原則である。だから、西欧の理論として提示されている聖と俗の二元論を適用するべき社会的基礎は、日本の伝統社会には備わっていないことになるだろう。もともとデュルケム理論は、聖と俗とが、あたかも神と悪魔のように図式的に対立するというユダヤ、キリスト教的な宗教伝統に根ざして成立したものであったのである。

ハレとケとケガレ

こうした西欧的観念が、そのまま中央オーストラリアの無文字社会の民族誌に適用され、それはそれなりに説明原理として成功したが、日本の伝統社会にはその理想型の適用は不十分であるという認識が強くある。

そうはいうものの、ハレは聖、ケは俗という説明はなかなか便利なものだから、ついつい安易に使用し過ぎる傾向があった。現在の民俗学の上では、ハレとケが相互転換できる原理であるという伊藤の指摘や第三のカテゴリーとして、ケガレを導入する方向性が生まれてきている。

たとえば波平《なみひら》恵美子は、民間信仰の体系化の主たる要素として、ハレ・ケ・ケガレの三者をとり上げている。波平によると、ハレは清浄性・神聖性を示しており、ケは日常性・世俗性を示している。ケガレは不浄性を示しているが、漠然とした概念であって、その本質は不明瞭なのである。明確な観念の内容としてよりも、さまざまな儀礼の上で三者がどのようにからみ合っているかが問題になるとしている。ケガレは一見ハレと対立するように見えるが、深層部分ではハレとケガレは共存している。ケガレを排除することによってハレが成立するという理解が成り立つ。ケガレは表面上ハレと類似していて、ハレが成立しているが、ハレの具体例としての神事とは対立している。そしてハレとはちがって、不浄、穢れたもの、邪悪、罪、死、病気など災厄、不運などを備えているのである。いわば聖なるハレを表わすお祭りなどの儀礼のなかに、ケガレは一つの部分を形成している。

つまりケガレはつねにハレの部分から排除される不浄性をになっていることにより、逆にハレを維持させるパワーとなりうるのである。

このハレとケガレの組み合わせをよく考えてみると、両者は非日常性という点で共通しながら、いっぽうで、浄と不浄という異質の部分で対立しつつ、併存しているという相矛盾した存在なのである。前記伊藤はその状況を「聖に内在するとされる浄をハレに、もう一方の不浄をケガレに比定し、そのハレとケガレをそれぞれ俗に比定したケと対立させるという論理」があると指摘している。

聖には浄と不浄、あるいは吉と凶を併存させる神秘的なパワーがひそんでいるという前提に立つならば、ハレ・ケガレは複合体を形成して、ケに対立するという説明も成り立ってくるだろう。

このケガレに注目した桜井徳太郎は、ハレとケを媒介するものとしてケガレを設定している。そしてケからケガレへ、ケガレからハレへ、ハレからケへという、三極が循環するという議論を展開させている。この場合、三つの極の中心であるケからケガレを説明することに大きな意味があるのである。

桜井の説明では、ケが語源的には、稲を成長させる力をさす意味をもっていることを基本としている。そしてこのケが枯れる状態がケガレであり、ケガレを回復する状況がハレの日の祭りの概念であるという。雑草がおいしげって、穀物の稔りが弱まることが、本来の毛枯れる状況であり、それを防ぐために、一年間のうちで何回も祭りを行う、それは主として農耕儀礼としてまとめられている。

民俗語彙として登録されているケに注目してみると、日常生活空間をケゴ＝褻居と称している。このケゴの中心がケザ＝褻座であり、具体的には住居のイロリの座をさしている。このケザに座るのは、多く主婦である。すなわちケゴの中心のケザに座っている主婦がいて、いつもケシネビツ＝米櫃を管理していることになる。

　こうしたケが維持できなくなるような状況は、それぞれの社会や文化のなかでいろいろなケースがあるだろう。それをケ枯《が》れ＝ケ離《が》れと理解したときに、ケガレの問題が浮上してくる。原初的には主婦が管理しているケシネビツが空っぽになる状態ということになるだろう。しかし、ケ枯れの語源にそくした解釈だけでは、ケガレの多様な用例からみて十分ではないことも明らかである。

気離れと穢れ

浄と不浄

ケガレというと、一般的な常識では、漢字の穢れに示される文化体系が存在している。祭りとか神事はつねに穢れ＝不浄を排除することを前提として成り立っていることはよく知られている。

その特徴は、前述したようにハレのなかに、ケガレが一つの部分を占めていることであった。ケガレの内容については、すでに古代の『延喜式《えんぎしき》』触穢《しょくえ》の条において、細かく規定されていた。民間社会にあっても、それが血穢や死穢として伝承されてきており、現在でも出産や葬儀などに表面化している。

こうしたケガレの意味を、広義にうけとってみると、成人式、婚礼、年祝い、厄年など、それぞれ相互の儀礼の間は無関係に思えても、それらは共通してハレの機会であり、個人個人の「ケガレ」ている状況を回復する儀礼であるという意味でとらえることが可能なのである。

ハレとケが相互に入れかわることを主張している伊藤幹治は、ケという日常世界のなかに、ケガレ以外の文化要素が存在するのではないかという疑問をだしている。私たちは毎日毎日くり返し同じ生活を営んでいると、やがてその単調さにあきてしまい、一時的にお祭りや、祝祭の時間をもとうとする。また人が成長していく過程に冠婚葬祭などの折り目をつける祝いごとを設けている。

そうすることによって、日常生活の存在を再確認して、新たな生活にとりくむことができる。それは日常性の維持、持続にとって欠くことのできない生活の営み方である。簡単に折り目や節目を設けるといっても、ハレは非日常的な時間であるから、どういう理由によって日常からの転換が行われたのかを知ることは大切な点であろう。

ある程度理解できることは、ハレを浄と不浄に分類したとき、ハレは不浄が清められたことによって成立するということである。そしてケにも同様に浄と不浄があって、この不浄の部分が、ハレの浄化の対象となりうるということである。具体的にみると、お祭りの準備段階で、まず忌籠《いごも》りの時間がある。この間にケに備わっていた不浄の部分が排除される、すなわち浄化されるのである。これは別の表現でいえば、日常的世界から、非日常的世界へと移行する過程でもある。

この解釈では、ケガレを穢れの次元でとらえ直すという操作はとられていない。浄と不浄という概念が、ハレにもケにも備わっていて、ケに属する不浄部分がハレの不浄と合体したときに、ハレ＝浄となるために、自然発生的に不浄部分は排除されるということになるだろう。祭りの前の精進潔斎、たとえばみそぎをくり返して、心身を清めていくというプロセスにそれはよく示されているのである。ただ不浄とはいかなる意味内容を示しているのか、さらに具体例をつみ重ねてみる必要があろう。

ケガレと穢れのかかわり

漢字の「穢《わい》」の訓には、「けがらわしい」とか「けがらい」などがある。それらはいずれも「けがれ」から派生したものと説明されている。「けがれ」と定められている内容は、まず死者の周辺に発生する死穢《しえ》であり、とりわけこれが火を通して、伝染すると意識されたことが一つの特徴であった。

次に女の月水、月の障《さわ》りがあり、それが「婦人の穢れ」と考えられた。『倭訓栞《わくんのしおり》』

には、漢にも、月水の場合「不レ得レ侍レ祠《ほこらにはべることをえず》」とあり、社祠に参拝できないとしている。すなわち中国においても、神事に女の月水を忌む慣習のあったことが記されている。また獣肉を食べる穢れは、『延喜式』に、死穢・血穢とならんで記載されているし、糞尿なども汚穢の対象であったことが明らかである。

さらに『倭訓栞』を読んでいくと、人間の日常的な生活の営みのなかに、自然発生的にケガレが生じてきて、それは火や水を媒介にしながら、祭りや神事のなかに組みこまれていて、不浄として排除されていくという説明となっており、それはきわめて妥当性をおびているように思える。

たとえば怪我をしたとき、この「けが」はけがれの略語にあたっており、けがれとは出血することに特色があるとされている。女の障りはやはり出血があるためケガレなのであるから、出血することもまたケが枯れることにつながってくるといえるだろう。

ケは褻のほかに毛、食、気といったあて字があって、それぞれに意味がこめられている。ケにはまた「気」を使用する事例も古くよりあった。気は東洋思想のなかで重要な意義づけがなされている概念であるが、いわば人間の生命力の源泉にあたるものかもしれない。

さてそこでもう一度立ちもどって、ケガレを気離れとしてみた場合、このケガレと穢れとのかかわりを考えてみよう。人間の活力の衰退ということとお祭りとの関係になるが、まず人間の活力が衰えていく状況について、『本朝医談《ほんちょういだん》』のなかで、「気の病い」ということについて次のように説明している。

「気が惣身《そうみ》へのびて滞なければ病ハなき也（中略）又気がちりてすくなくなれば病なり、是《こ》れは気がすくなくなればよわくめぐり得ずして、所々とまりて病をなす也」という説なのである。すなわち気が少なくなったり、弱くなると、病になるという一種の病因論なのである。

気は人間の体内をめぐっている、そしてそれが滞ると、気の力が衰弱する。こういう状態は、ようするに気離れに相当するのである。医学的にみると、気のあり方は、血液の循環に似ている。そこで「気血」という表現もとられているのである。

『延喜式』忌詞《いみことば》には、病のことを「やすむ」とし、「止」の字を書いて、これにやまいと訓じている。止むというのは、日常的な生活の営みが停止することを意味したのであり、やむがすなわち休むということに連なるのであろう。

人の一生のプロセスには、くり返して休むことがリズムとしてあり、それは体調が芳しくなくなるためである。医学的にみると病気なのである。そして病が集中する時期は、個人差はあるが、民俗知識の上で厄年と意識されていた。一般に厄年は、男が二五、四二歳、女が一九、三三歳といわれてきた。この中で四二歳については、四一を前厄《まえやく》、四三を後厄《あとやく》、そして四二歳のとき子が二歳になっていると、「四二の二つ子」といって、とりわけ忌まれた。四二歳については、四二の音が、「死に」に通ずるためとくに恐れられたとされている。

一〇世紀ごろの平安京にすでに四二歳の厄の行事が記されており、それはほぼ一千年近くつづいてきた知識なのである。『近代世事談』には、「男子ハ四十一歳気おとろふる」とし、「八歳より血気さだまり、十六歳にて精通じ、かくのごとく八年づつにて血気変じ五八四十にて血気満ちて、四十一歳より血気おとろふるゆゑに、四十を初老といふなり、それよりしだいに血気変じ、八々六十四にて血気おとろへ精つくる」としている。すなわち男は八年ごとに気が満ちたり衰えたりするものだといっており、なかなか理にかなった解釈をしている。

いっぽう女のほうは、「七歳にして血気さだまり、十四歳にて経水いたり、五七三十五にて血気満つ、それより漸々《ぜんぜん》におとろへ七々四十九にて血気つき、経水絶えて懐胎なし」と記されている。この場合「血気」という表現が「気の力」に通じるものである。

血気が盛んとなったり、衰えたりすることが、人間の一生に折り目となっており、それは男は八年ごと、女は七年ごとであり、男は陰数、女は陽数とする考え方である。その中でとくに男のほうの四二歳が災厄と意識されたのは、四二歳の音が死に通じていたためであった。前出の「四二の二つ子」とは四二歳のときの二歳の子は、親子が合計で四四となるということが恐れはばかられたためであった。

四〇代前半に、気離れの状況がおとずれるという経験的な事実は強かったと思われる。そこであえて四二歳にこだわらず、四一歳を起点として、二、三年は、用心にこしたことはないという生活の知恵が働いたのである。女のほうはそれが三〇代前半に集中したらしいが、とりわけ三五歳を「血気満つ」としている。その後の三七歳を大厄とした『源氏物語』の記事もあり、これも自然の理なのかもしれない。

これまでも明らかにしてきているように、私の考えは日常性を表現しているケを前提としており、ケガレについては、人間の生命力の総体というべき「気」が持続していれば、日常性が順調に維持されるはずであるとみる。しかしそういかなくなった場合「気止ミ（病気）」や「気絶」という現象が表われ、この状態をとりわけ、気離れと表現したものと想像している。

ケガレはケのサブ・カテゴリーである。重要なことは、ケからケガレに移行する局面と、ケガレからハレへ移行する局面である。おそらくケガレからハレへの場合、衰退したケの回復のために相当量のパワーが必要とされたのであり、それが祭りなどの儀礼に表現されているといえよう。ケ↓ケガレ、ケガレ↓ハレの状況には、つねにケガレが一つの境界領域として存在していることは明らかである。

こうしたケガレの本来の意味からすると、汚穢に相当するケガレはその一面のみが拡大解釈されたのではないかと推察される。しかし汚いものにたいする生理的嫌悪感がいっぽうにあって、それがケガレの語に集約されるという基本的な心情も否定できない。

ケガレが不浄と一致し、さらに肥大化した経緯は、古代以来の都市民の考え方によるところが大きかった。人口密度の濃い都市には死者が多く出やすく、必然的に死穢が発生したことは、平安京以来の京都の歴史を通じて示されている。主として都市の貴族社会の日常生活と密着してそうした穢れ観が成立した。

こうした死穢とならんで血穢もまた、都市民の生活意識として定着したと思われる。たとえば女性の穢れとされる出産や月経もなぜ穢れなのか、語源解釈の問題とは別に文化論として展開させてみるとどうなるだろうか。

ケガレの現象には「見えるケガレ」と「見えないケガレ」とがある。この「見えないケガレ」は表面的には表われてこない「気離れ」である。「見えるケガレ」のほうは直接眼に見える汚いもの全般をさしている。「見えるケガレ」にたいしてはただちにこれを除こうとする。いっぽう「見えないケガレ」については、現象面でとらえられていないが、なんとなく気が離れている状況におちいっていることが確認されてくると、潜在意識のなかで、そうした状況をなくそうという働きがでてくる。

また「見えるケガレ」をもたらしている要因として気離れが内在しているという認識もあり、それらが複合化して顕在化してくると、汚穢という状況に同化されてくるのではなかろうか。たとえば幕末の神道家黒住宗忠《くろずみむねただ》の文章に、「人は陽気ゆるむと陰気つよまるなり。陰気かつときはけがれなり。けがれは気枯れにて太陽の気をからす也」といった叙述があり、そこには汚穢になる以前のケガレの意味が表現されているといえる。

ところで、エンガチョとよばれる伝統的な遊びがある。京馬《けま》伸子の報告によると、子どもが犬のくそや猫の死体などを道でうっかり踏んだり、学校の便所の床に触れたりすると、エンガチョになる。仲間の子どもがそれに気づくと、「○○チャンはエンガチョ」とはやし立てられる。そして子どもたちは自分たちにエンガチョが感染しないように指でカギをつくり、「エンガチョしめた」と叫ぶ。

エンガチョとされた子どもは、だれかにそれをつけてしまえばエンガチョでなくなるので、指のカギをまだつくっていない子やカギをはなしている子をねらってパッと触る。そして「エンガチョつけた」と叫んでエンガチョでないことを宣言するのである。

京馬は、「エンガチョの『きたなさ』に対する嫌悪とか罪悪観は、当時の私にとって大変なものだった」と幼児の思い出を語っているが、同様の体験をしているおとなの世代は多かったと思われる。また次のような事例もある。

「エンガチョは触るとその人にキンがうつって、他の人に伝わる。キンには、オトコキン、オンナキン、ハゲキン（禿の先生がキンをもっている）、ゲボ（ものを吐いた）のときのキン、トイレキン（男で大便所に入って鍵をしめた→用便をしたのできたない）、絶交キン（友人と絶交したとき）などがある。みんながバリヤーをしているとエンガチョのキンがつけられない（下略）」（『民俗』第一三四号）。

この説明をみると古代の『延喜式』触穢の条をほうふつとさせるだろう。エンガチョと称されるケガレは空間を通して伝染していくという気持が今も昔もかわりなく指摘できる。キンはばいきんのことで、近代用語であるが、ケガレに対応する不浄であり、そのきたない内容は、犬や馬、牛のくそ、はなくそ、ゲロ、血などのほか、給食を食べているときはねたおかず、どぶに落ちた子、学校で用便した子、机のまわりがごみだらけの子など、いずれも子どもの想像力が働き、ケガレの性格をよく表現している。

重要と思われることは、その文脈のなかできたないとは別の意味が発見されるという京馬の指摘である。たとえば「馬のくそをふむと背が高くなる」「犬のくそをふむと背が低くなる」「女の子や女学生は馬のくそをふむと髪が長くなるといって、乾いた糞をわざわざ踏んであるいた」「馬のくそをふむと、足が速くなる。牛のくそをふむと力持ちになる」などなど。

これらの資料は前述のケガレのもつ性格を示すものといえる。見えないケガレの背後に、ある種の霊力の存在をよみとることができるのである。ケガレには特別の力が働いており、ケガレを排除する行為の基本にはつねにそれが意識されている。これが「見えないケガレ」といえるのではないだろうか。

そしてケガレにたいして排除する力が強く働けば、それに対抗する力が表われてくるとみてよいのではあるまいか。その力がいわばハレをひき起こすエネルギーにあたるものといえるだろう。

さて、このエンガチョの遊びが「縁切り」を意味し、エンは穢を含めたさまざまな「縁」を切断する自由な生命力を具現化するものとした網野善彦の解釈も興味深い。縁は境界であり、境界を破ることによって、その空間は自由になる。エンガチョの遊びは、きたない空間にたいして、子どもが指でバリヤをはりめぐらすことにより、汚染をさけるという呪いが先行しているが、別の伝承では、その縁に連なることによって、異常なパワーを獲得できる心意を秘めているのである。

これは明らかにエンのもつ両義的性格を示すものであり、エンは縁であると同時に穢という意味を含めて成立している。穢をさけると同時に縁を切るという重複している気持は、ケガレが汚穢と同時に気離れであることを潜在的に意識していることになるだろう。

エンガチョの縁切りは、パフォーマンスを伴い、子どもの遊びとして伝承されてきたが、伝承のなかに、ケガレを認識する仕方にたいして二つの方向が想像された。一つは「見えるケガレ」の実態をとらえ、これを排除するための呪法や儀礼が行われること、二つは「見えないケガレ」の回復を意図して積極的な儀礼が行われること。両者の基底にはケガレのもつ両義性から生ずるエネルギーがあり、それが儀礼を支え、ハレの時空間を成立させることになるのである。

ケガレに対抗するパワーの存在を説明するのに、エンガチョのもつ両義的性格は一つの参考になるが、実際に行われる儀礼のプロセスにそれを発見することもまた可能である。たとえば神事に伴うコモリ、ミソギ、キヨメ、ハラエなどに注目するならば、これらはハレの神事をになうための条件を整える行為である。コモリは日常生活から隔離された空間にはいることであり、祭祀の中心になる頭屋《とうや》がコモリを経ることによって、やがて神に生まれ代わるかあるいは神に近づくと認識されていた。コモリは境界をこえて聖なる世界にはいることになるわけであり、それはエンガチョの一面を示している。

ミソギは水を使ってキヨメを行うことであり、さらに同様の意図でハラエがある。ハラエの特色は、制度化されたケガレを排除する行為であり、たとえば宮廷行事の大《おお》祓《はらえ》がその代表的事例であろう。宮中の穢れの発生に対抗すると思われる大祓は、その内容が複雑化しており、たんに穢れの発生だけが原因とはならないのではないかという最近の考え方もある。

またハラエの語は、ハレとハルカに分化するという国語学上の指摘もある。ハラエによってケガレを除去する作法は、神道儀礼として現在は定着している。キヨメの方法が、コモリ、ミソギ、ハラエなどに備わっていることは、対象としてのケガレの力に拮抗するための手段が多様化していることを示している。ということは、ケガレを前提として、ケガレからハレへ移行するのに、いかにして人びとが大きなパワーをそこに集約させようとしているかを知ることになるのである。

私と民俗学

異界への憧れ

ところで私が民俗学のような学問の世界に志すことになった契機について、それほど厳密なものがあったわけではなかった。ただその基調となっていたのは、異界にたいするある種の憧れのようなものだったろうか。あるいはそれは霊魂とか他界にたいする関心といったようなものなのかもしれない。

キリスト教系幼稚園に通っていたころ、はじめて幼稚園で見た映画は、キリストの伝記のようなもので、キリストがゴルゴタの丘で十字架にはりつけになった場面が、今でもありありとよみがえってくる。イエスの死の瞬間、雷鳴がとどろき、大地がうなり、暴風雨が起こった。天の神の怒りであり、この世の終末を告げるシーンでもあった。

このモチーフがのちに各地のフォークロアに共通して語られていることを知り、日本の民俗宗教のなかにも、メシアニズムやミレニアム（千年王国運動）が存在することを追究したいという気持に連なっていったように思える。

戦争中、信州のいなかに疎開していた。小学校（当時国民学校）の三、四年生のころで、上水内郡《かみみのち》神郷村《かみさと》（現、長野市）中尾という地名だった。今も残っている地名であるが、そこに道禄神場《どうろくじんば》と狐山《きつね》、そしてもとどり山というのもあった。

のちに民俗学的に説明できる地名ばかりであるが、当時不思議な名前として覚え、いつも神秘感をただよわせる地名として印象深く記憶している。

ドーロクジンバは、正月一四日夜どんど焼きを行う場所であり、川原に面した空地だが、りんご畑に接近していた。狐山には、墓地があり、子ども組の肝だめしをする場所にもなっていた。たぶん狐がかつて棲んでいた所でもあったにちがいない。田畑地の先で、少し小高い丘にあたる一角をさしていた。

もとどり山は、上杉謙信のもとどりを埋めたという伝説があり、村から見えるいちばん高い山の頂きの部分をさしていたが、これものちに、「元をとる」という山人と里人との間の交易にちなんだ地名であることを知った。こうした身近にある不思議な場所を、なんとなく気にかけているというせんさく好きの少年のタイプであったらしい。

そのころ藤村の『破戒』が映画化された。町の映画館で上映されて、そこではじめて被差別部落の存在を知ったが、同じ小学校の同級生に「チョーリッポ」とよばれ、いつもからかわれている友だちがいたことと結びつく問題に気づいていなかった。疎開児童だった私自身も、なんとなく土地の仲間から一歩離れた所からみられており、学校の往きかえり腕白仲間にいじめられそうになる。そんな折、助っ人にたってくれたのが、チョーリッポの友だちであった。のちにこの語が「長吏」に由来し、白山神人の名称と関連することを知ることができたのも、民俗学の知識のおかげであった。

新鮮な体験

中学、高校生活は横浜で過ごした。異界憧憬の念は依然強く、読書好きであり、SFや怪奇スリラーなど手当りしだい読みふける傾向があった。なかでも中里介山や白井喬二などの時代物の伝奇ロマンなどには眼がなかったようだ。しかし読書好きとはいうものの、おさだまりの受験期となり、受験勉強の毎日をごく自然なものと受けとめ、一年浪人して東京教育大学文学部日本史専攻に入学した。

歴史を勉強しようというのも、書物の世界にひかれていたからで、東京教育大学を選んだのは、たまたま受験雑誌に和歌森太郎先生の一文がのっており、その中で、歴史は無名の庶民がなんでもない日常生活の営みを積み重ねてつくっていくものだという趣旨に強く惹かれたことによる。

当時和歌森先生は、日本史と民俗学の接点をまさぐる仕事をされており、最初に受けた授業のテーマが民間信仰史であった。そこで必然的に庶民信仰の世界にはいりこむこととなり、異界に接近できる民俗学の成果を学ぶこととなったしだいである。

大学生としてはじめて民俗調査をしたのは、学生を主体にした民俗学研究会のメンバーとなってからである。先輩たちに連れられて、はじめて行ったところは、長野県上伊那郡の四徳村というところであった。

そこは、のちにキティ台風による大洪水で全村全滅してしまったのである。その地へはじめて訪れ、村の成り立ちや村の仕組み、屋敷神《やしきがみ》のまつりかた、法印《ほういん》さんが実際にマジナイを使いながら講や儀礼を組織してゆく状態などを調べて歩いた。その体験は、話者の生活がそのまま生で資料になるという、ほんとうに印象的なものであった。

なによりもまず、一日中村の中にはいって囲炉裏端で古老から話を聞いているのがこたえられなかった。そして学問としてこういうやり方があるというのも、じつに新鮮だったのである。これまで書物には書かれていない話がゴロゴロ転がっているという感じであった。

現在に向かう姿勢

当時大学における日本史の授業というと、江戸時代の幕藩体制下の村々の宗門人別《しゅうもんにんべつ》改《あらため》帳《ちょう》とか検地帳を分析してきて、社会経済の構造を明らかにすること。とくに下層の人びとがしだいに実力を蓄えてきて立ち上がるのはいつの時点であるかということを、もっぱら統計的に把握していく社会経済史が中心であった。だから、民俗調査のような形で村に出かけて行って、現在そこに生きる人たちの日常生活の意識や生活の営みに触れてくるという方法が、じつにすばらしかったのである。

昭和三〇年代の半ばは学生運動がさかんになっていて、砂川闘争などで赤旗を振ってデモ行進するという「現在」と、いっぽうで村の中で人びとが毎日生きている「現在」があった。動きの激しさと、地域の一見変わりばえのしない日常生活。その両方を往来してゆくうちに、民俗学という学問は、そのうちのどちらをつかんでくればいいのか、ということをやはり問わざるをえない。少なくとも、「古風」な習慣だけを問題にすればいいというものではないという認識が強くあった。

帰去来情緒といおうか、都会に住んでいる人間が、自分たちの生活にないもの、何か古いものにひかれるということはありうる。東京育ちの学生が、地方の民俗調査の旅に出て、今まで自分が経験したことのないものに出合って呆然とする。そんなものの一つが、仮りに囲炉裏端で聞く昔話であってもいい……、しかし、そういうところからはいっていって、必ずこっちの側、つまり都会にあくせく暮らす自分の生活に戻ってきて、自らもふくめて現代社会に生きる人びとの葛藤とか生き方を問うというところに立たなければならないのである。

おそらく都市だとかムラだとかという分け方ではなしに、私たち自身が生きている「現在」に立ち向かい、「現在」という状況の中で生きる私たちが、それにどう対応してゆくかという姿勢を持たねばならない。それは民俗学というものが、古い習俗一般を探るのだという解説をこえて、古風なものが現代にいかなる意味があるのか、そしてそこから近未来の「現在」に向かって問いかけるような学問でなければならないのではないかという気持をしだいにいだくようになったと思う。

Ⅱ　都市が秘める力

「都市」への誘い

新しいテーマ

日本列島の約八割近くの地域が都市化されている現在、いかなる場合にも都市を無視できなくなった。しかし「都市」にはさまざまなイメージがある。景観としてゴミゴミして汚らしいという印象がもたれるいっぽうでは、夜のネオンサインのきらめく景観が印象深く、それは大都市の繁栄と栄光を象徴していることもたしかである。

たとえば夕暮れ、東京の新宿地下道の人いきれをかき分けて駅の西口の地上に上がったとき、眼前に広がる都市の光景は、じつに美しい。林立する高層ビルの陰影と、対照的な真紅の夕焼けがみごとに調和しているのである。こうした都市美は新宿だけのものではない。世界各地の代表的な都市に共通する「優美化」の現象といえる。そしてこれは、とくに一九七〇年代以後、先進産業諸国の電子テクノロジーが、「都市」の重要な表現手段となって以来のことである。これまでの、大工場がたちならび噴煙を吹き出すという工業都市のイメージから、情報産業、サービス産業を中心とする産業構造への変化の反映であることが指摘できるのである。

たしかに都市計画や都市景観の立場からいうならば、優雅な人工美は近未来の都市に備わってしかるべき属性の一つであろう。他方、伝統的都市空間に永年住んできた住民たちが構成する都市生活は、たとえば路地裏であるとか、界隈と表現される日常空間のなかに表現され、そこに展開している毎日の営みのなかに、やすらぎの存在を求めようとする志向が生まれている。

東京の場合、山の手にたいする下町に、より人間らしい生活があるといい、現代の大都市にもそうした空間は依然として伝承されているとみて、その実態をとらえようとする研究が盛んである。

また都市近郊地には、高層団地が造成され、そこに独自の生活空間が営まれてきた。昼間勤務にでたサラリーマンの戸主とは別に、主婦と子どもを中心とする人間関係が一つの軸となって、そこに一つの民俗社会が生まれていることを示す報告もある。

人類史のなかで、人びとは「非定着から定着」への道をたどってきた。当初ムレをなして移動していた人類が、一定の場に住みつくようになって、ムラができた。そしていくつかのムラムラが連合して、クニとなった。このムラと同じ意味の語にサトがある。サトは年月を経るとフルサトになる。そしてそれは永遠不滅のイメージとして人びとの心のひだのなかに伝承されていく。

またムラのなかの一定区画にたいしてマチの名称がつけられている。とりわけ人家がムラがっている部分をマチと称するようになると、人家からやや離れた田畑地にたいして、これをイナカ＝居中と記すようになった。そして「居中」が町からさらに遠のき、出作《でづく》りを行う段階にいたって、居中にかわって「田舎」の漢字が使われるようになった。

このようにしてムラのなかに「町」が形成され、町が巨大化していって都市と表現されるにつれ、田舎もしだいに隔離されて、空間を異にしていった。こうした関係でいえば、都市といなかは本来対立するものではなく、柳田国男が指摘するように、町と村、都市といなか（農村）は、かつて従兄弟の間柄にあったといえるのである。

ところで昭和一〇年代に、都市民俗学を提唱していた小島勝治は、都市と農村の中間に「職人の町」の概念を定立していた。都市にも農村にも属さない場所の存在が認められるからである。民俗文化を把握するための対象としての地域社会は、「農村↓職人の町↓都市」という変動の図式が予想されるのだという（伊藤広之「小島勝治の都市民俗論」『歴史手帖』一三巻六号）。

職人の町は、明らかに近郊農村が変貌していく過程に出現したものといえる。都市民俗研究の場合には、農村の都市化が一つの前提としてある。農民が職種を変えて職人となり、土地の生産をはなれて、技能で生計をたてるようになった。彼らの日常生活がすなわち民俗文化として体系化されることによって、伝統的都市の姿がいきいきとよみがえってくるのである。

「都市」の表現のなかには、ミヤコ「都」とかマチ「町」がふくまれている。そして、都といなかとが連続するなかに、日本の都市としての性格が認められるのである。一般には、城と武士が中心の城下町、商人中心の市町といった町が設定される。また交通を媒介にして発達した宿駅を中心とする宿場町も、伝統的都市の典型なのである。

このような都市研究の視点は、今後も重視されるだろうが、いっぽう、伝統的都市だけを対象とするのでは、不十分であることが明らかになってきた。眼を向けなければならないのは、巨大空間を形成する大都市のあり様なのである。

都市民俗をよむために

たとえば、新宿副都心の景観一つとり上げてみても、そこにひそんでいると思われる大都市のもつ心性をどのように抽象化すべきかが問題となってくる。たとえば、高速道路を下りて、すぐ脇の道路に稲荷の祠が発見されたりする。街なかの雑踏の中に立っている大道易者の姿もやたらに多い。いっぽう休日のオフィス街には人っ子一人見当らないようだが、時折ホームレスの人びとがさまよっている。このような無機質な都市空間のなかで民俗空間を、どうやってとらえたらよいものだろうか。

これまでのハレとケに加えて、ケガレを導入したのも、ハレとケだけの分析では無理があり、ケガレを設けることによって、対象が拡大していくことが可能だと思われたからであったが，当然方法論上の問題が必要となってくるのである。

民俗学の方法が、都市にたいして農村調査と同じ方法では、いささか無理のあることは分かっているにもかかわらず、まだ新たな基準をととのえるまでにいたってはいない。たとえばハレとケとケガレをどのように使って、都市民俗を説明していけるかを考えてみなくてはならないのである。

都市民に見られる気質に、「空中楼閣症候群」というものがある。都会の高層ビルの団地に住んだ人の体験によると、日常わけの分からないイライラとした感情にさいなまれている。それは、「近景の欠如」のゆえだという。たしかに高層アパートの窓からの景色はすばらしいものがある。ところが、樹木は見えても、枝は見えない。人は見えても顔はない。自然の変化に肌で触れ合うことができないのである。そのために身心に異常をきたすのだという。それは「浮動性の不安」と表現される現象でもある。

こうした症候は、表面的には発見できないのがふつうである。むしろ隠された都市民の潜在的な感覚のなかから顕在化してきたものではないかと考えられる。ビルの谷間の陽のささない空間にも、ちゃんと草木が成長していることは一種の驚きでもあるが、コンクリートに固められた大地からも植物が育っていくのである。不安症候群の住民はつねに存在しているのだけれども、都市民すべてが発狂してしまったわけでもないことも明らかなのである。

年中行事のうちで正月と盆の二度にわたって、都市民によるいわゆる民族大移動の現象がくり返されている。都市と農村（いなか）の人的交流が、この時期に凝縮されているからだ。都市の人間は久方ぶりに故郷に帰り、一時的にでも精神的な不安を消滅させることは可能なのである。

こうしたいなかで得られる「やすらぎの空間」を都市はどのようにして確保できるのだろうか、私たちはそのことを都市民俗として発見する必要があるのではなかろうか。

今後将来にわたって都市はさらに巨大化をつづけていくだろうし、それにともない、都市民の日常生活のリズムが定着化していく方向が固まっていくことはまちがいないのである。その時大都会をになうエネルギーの源泉はどこにあるのか。そうした面を探りだすことも、都市の民俗研究の一つの目標といえるかもしれない。

「都市」の語り出すフォークロア

ヨーロッパの民俗学とは異なった土壌で育ったと思われるアメリカの民俗学のなかで、一つのトピックとなった「都市伝説」は、日本の都市社会にも適用できるかもしれない。

新しい伝説

都市伝説は、都市の日常生活の中で起こるさまざまな奇怪で不思議な出来事についてのうわさ話を主たる内容としている。うわさ話ほど不確定的な要素はないにもかかわらず、もっともらしくそれらは語られるのである。うわさ話の作者は不明であるが、井戸端会議とか職場のパーティ、会社や学校などが伝承母体となっている。うわさの特徴は、伝承のプロセスにおいていつも新しい脚色が加わっていくことであり、しかもそれらがしだいに現実化されるという傾向がある。それはラジオやテレビのかっこうな素材にもなっており、やがてそのうわさが真実かもしれないと信ずる者がでてくる。語り手が知人であったり、ごく身近の人びとであって、さらにふつうにつき合っている人びとがうわさ話の登場人物になるにおよんでその真実性はさらに強まってくる。

話の内容は増殖していき、やがて定着し、類型的になってくる。こうしたプロセスを経た話を都市伝説とすることにはまだ異論があると思われるが、現代の情報化社会にあっては、マスメディアを利用してうわさの増幅していくプロセスのあり方に、以前のムラのうわさ話のあり方とはちがいがあることに気づかれるだろう。

これまでの伝説の概念からいうと、文化叙事や自然説明という、これまでの分類の基準だけでは律しきれない要素が情報化社会には派生しているのである。それは情報行動の特殊な形態なのであり、都市伝説は「新しい伝説」の枠組の中で処理される必然性がある。都市伝説の中核になっているうわさ、あるいは流言は、元来制度的なコミュニケーションにのっかってこない、いわゆる口伝えの非制度的なコミュニケーションのプロセスとして位置づけられている。

それは口承文芸の世界でも決して大きなスペースを占めてはいなかった。しかし、流言蜚語が情報化社会では異常なほどに伝播しており、社会問題化するケースがしばしばあることが注意される。

たとえば静岡県内によく聞かれる東海大地震の情報は、それが伝わるたびに誤報であると確認されるまで人びとの間に一時的なパニック状態をひきおこすのである。また地方都市の小さな信用金庫が経営難に陥ったため、倒産の情報が電話によりあちこちに広まって、預金者がどっと押しよせたことがあるが、これはうわさが電話によって広まり、いつの間にか真実性をおびてきたからである。

有名な妖怪譚として伝説化した「口裂け女」などは、すでに語られだしてから一〇年以上経ている。その発端は、岐阜県の下呂温泉の一農家の便所から出た山姥《やまうば》ふうの妖怪だったという。警官まで出動するいなかの事件だった。それがタクシーの運転手によって京都方面に伝わり、さらに西日本、南九州、四国と席捲し、やがて東日本にも戻ってきて、北海道から日本海沿岸に伝わり、とうとう日本列島を一周したことになった。

そして現実に新潟市内において口裂け女が殺傷事件をおこしてつかまったというラジオ報道があった。口裂け女がラジオドラマの主人公になるにおよんで終焉にいたったという。熱狂的に流行した期間は約一年間であった。興味深い点は大流行のあと「口裂け女」が若い女性であり、赤マントを着てオートバイにのってさっそうとかけまわっているといううわさが広まったことである。後発の世代にそうしたイメージが描かれていたというのが野村純一の調査報告で明らかにされている。

口裂け女のモデルは山姥、口なし女房、般若面などであり、子育て中の若い主婦とか、整形手術に失敗した若い女性などにそのイメージが重なりつつ、子どもの世界において妖怪化したということになる。こうした「新しい伝説」はニューメディアの中でどのように発生し、展開していくのか、トレースするのは必要なことである。

都市が語り出すフォークロアは、じつにさまざまであって、定型がないという特徴がある。「都市伝説」のジャンルは、従来の民俗学では「世間話」と重なりあう部分が多かった。世間話は旅から旅をつづける世間師によって流布され、聞き手が話をさらに増幅させる傾向があった。

たとえば狐に化かされた話とか、大力の女の話とか、狸が電車に化けたため本物の電車に轢かれてしまった話とか、いずれも誇大妄想の筋書であるため、聞き手のほうは半信半疑だが、それでもおもしろい語り口なので、ついつい引きこまれてしまう。

都市文化の担い手でもある職人で、話術の巧みな人が世間師とよばれ、彼らは近郊農村を訪れては、おもしろおかしく世間のことを語って聞かせていたのである。

浅草の石枕伝説

浅草の石枕伝説なども、大都市江戸成立以前の草深かった浅草にまつわる伝説であり、その後急激に人口が増えて盛り場に成長した江戸の因縁にからまる伝説といえるだろう。長享元年（一四八七）に成った『廻国雑記《かいこくざつき》』にはすでに浅草の石枕についての記事がのせられている。

夫婦と一人の娘が、浅草の辺りに住んでおり、父母はこの娘を遊女にして、旅人を誘っては泊めている。そして、寝ている旅人の頭を石で打ち砕いてその衣類をはぎ取るという生活をしていたが、娘はその所業を恥ずかしく思い、ある時男の扮装をして旅人になりすまし、父母にわざわざ自分を殺させることによって改心を迫った。父母は自らのあやまちを知って発心《ほっしん》し、娘の菩提を弔ったという伝説である。

この伝説を素材にして、都市文芸の中では、黄表紙『浅草寺𦜷一家裏《せんそうじのひとつやうら》』が書かれたり、『江戸名所記』にはさらに脚色を加えた内容が盛りこまれている。

それによると、昔、野中の一軒家に老婆と若い女が二人で住んでおり、老婆は鬼女で、女を囮《おとり》につかっては石枕で殺人を重ね、その死者は九九九人にもおよんだ。ところが浅草の観音が、草刈童《くさかりわらべ》に姿をかえて笛を吹くと、「日は暮れて野に臥すとも宿借らじ、浅草寺の一つ家の内」と旅人たちに聞こえてくるので、旅人は一つ家の前を通り過ぎても泊らないようになり、命が救われるようになった。いっぽう、観音は美少年に化けて、女を逆にたぶらかし、ともに寝るが、老婆が誤って女のほうを殺してしまうという羽目となった。老婆は悲観のあまり巨大な竜となり、浅草寺境内の姥が淵に身を投じて竜宮にもどってしまったという。その後、子どもが咳を患うと、竹筒に酒を入れ、木の枝にかけて姥が淵に祈るなら、子どもの咳が止まるという俗信が生まれた、という伝説になっている。

浅草寺が都市化の中心に位置しはじめると、浅草観音の霊験の中に、一つ家の石枕も吸収されてしまった。石枕の伝説は全国的にあるものであり、石枕とは墓地の遺体を埋めた墓の上に置いた枕石のことである。かつて旅の巫女がこの枕石に耳をあてて、あの世からのメッセージを聞いてそれを解読するために用いた呪具の一つと思われている。

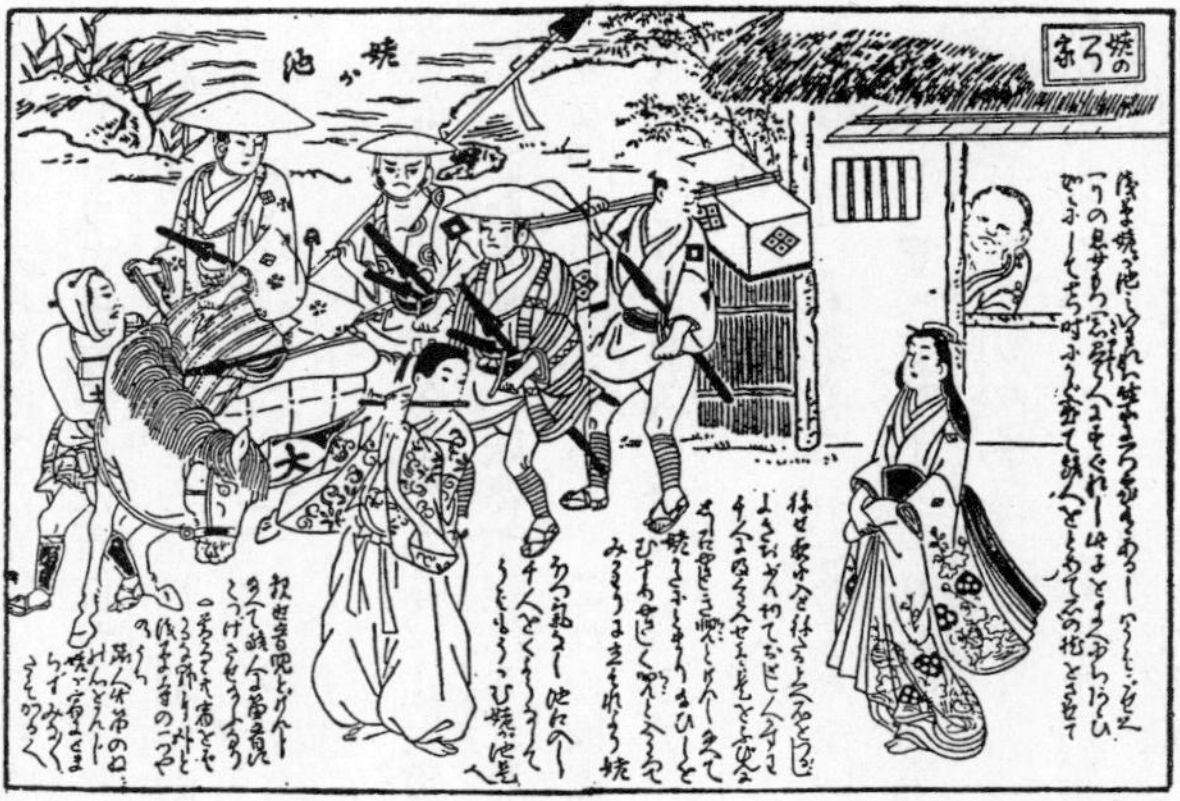

姥の一つ家・石枕の伝説。観音が若者に化けて笛を吹き、危難を伝える。

浅草を北に向かって、大川を隔てた空間は江戸人にとっては異界と思われていた。奥羽の国にわたるちょうど境界の地に石枕が置かれており、その地で巫女が神託をしていたのであるが、江戸の都市開発の発祥の地に観音が祀られると、巫女の信仰はしだいに周縁のほうに追いやられてしまったことを、浅草の一つ家の石枕伝説は物語っている。

恐しい一つ家の姥の伝説は、各地にあり、姥屋敷に住む鬼婆のイメージとしては奥州会津の安達ヶ原《あだちがはら》に住む人喰いの妖婆が喧伝されたし、尾張の石枕の里、播州姫路城に石枕を置いた老女の伝説などもある。これらは霊魂の宿る石を操る巫女がしだいに仏教のなかに吸収されるプロセスを語っているが、これも都市からにじみ出る語りの変化によるものだろう。

都市というものは、自らの環境にふさわしくない存在を排除していこうとする営みをもっており、そうした意味で都市の語りだす伝説のモチーフのなかに、異物排除の発想をよみとることができるのである。

日野啓三の都市小説のなかにも、やはり都市が語りだすモチーフが示されている。現代の大都市は、止めどもないような勢いで繁殖していく生命力を持っているにもかかわらず、その存在感は稀薄で脆い印象をあたえる。都市を居住空間として考えるならば、高度に発達した都市工学や建築工学の技術によって彩られる華麗さとうらはらに、精神的にはひどく脆く稀薄な印象をあたえているように思われてならない。そういう不安な未来を予知するような都市風景が、日野啓三の『夢の島』など一連の作品に表現されている。

超高層建築群がならぶいっぽうで、埋め立て地の原野が広がっている、夢の島。主人公は境昭三という昭和三年生まれの都市の漂泊者である。彼が、そうした典型的な都市風景の中をさ迷いながら、最終的には埋め立て地の一画で逆さ吊りになって死を遂げるという結末である。逆さまになった主人公の眼に東京の高層ビルが、灰色のキノコの山のように見えている。「光が急速に薄れる。暗くなってゆく。空はうねる黒で、大地は透明な黒だ。逆さまの東京の街だけが白っぽい灰色の燐光を放って、ますます光ってくる」という。

その背後に夢かうつつか浮かびでる焼跡の情景、裸の木々の幹、燃えている市街電車といったシーンが、主人公の死のイメージに重ね合わせられ、やがて大都市は終末を遂げるという絶望的な雰囲気がかもし出されている。

こうした日野啓三の小説以前にも、横光利一の作ではないかといわれる『世の終わり』という小説がある。

舞台は、モンサンジョという現在のシリアにあり、旧約聖書の中にある聖地である。この巨大都市には大雨が降り続き、住民たちの性欲の輪舞が繰り広げられている。都市は物欲に彩られながらやがて滅んでいくのである。じつはこの書は関東大震災の直後に執筆された小説といわれ、描かれているのは「世の終わり」である。日本を舞台にしたものではないが、こうした都市文学の中には、終末的な問題をつねに語るという文脈があるといえよう。

都市の不安のあらわれ

都市の中に生まれてくるフォークロアの中には、大都市が終末になるという潜在的な不安感を表明する主題があることに気づかされる。日本でその典型的な事例は、地震にかんするフォークロアであった。大地震が起こって、大都市が終焉を遂げる。オランダの民俗学者アウエハントがとり上げた鯰絵がその代表的な事例であった。すっかり知られるようになった鯰絵は当時の江戸の民衆絵画として、興味深い主題が発見

アウエハント『鯰絵』より、「世直し鯰」。鯰男が金持商人をこらしめている図。

されている。アウエハントは柳田国男と交流しながら鯰絵の研究をすすめたのである。

鯰絵で問題なのは、都市の中にひそんでいる不思議なエネルギーが怪獣の形で出現してきて、都市の終末に力を貸すというテーマである。江戸中が大洪水に襲われた享保一七年（一七三二）に市中の下水の中から鯰が続々と現れてきて、それが関東周辺に広がっていったといわれている。結果的には鯰が鹿島信仰と結びついて表現されるようになった。江戸を中心とすると周縁部にあたる鹿島地方に鎮座する鹿島の神によって押さえこまれた鯰のモデルは、室町時代の鹿島暦に表現された大蛇の変化であり、かつ「物言う魚」のフォークロアが魚の王である鯰によって表現されて、世の終末を告げるという信仰でもある。

水界の王である鯰は、アウエハントの分析によると、二つのタイプをとることで知られている。一つは大地震をおこしてこの世を救うというタイプであり、他は地震をおこしたために責任を追及され、鹿島の神の前に鎮圧されるというタイプである。大怪獣に成長した鯰が江戸の市中に徘徊するようになり、小さな鯰たちを眷属として集め、江戸を大火災に巻き込んで、水の中に沈めていく。そうした鯰が世直し鯰という名前となって崇められ、この世を変えていくという。この世直し鯰というタイプが、全体の絵柄のうちで約二割を占めていた、といわれている。

こうした鯰のイメージが戦後の東宝映画のゴジラと重なってくる。原水爆の実験の結果、太平洋の彼方で被爆したという巨大なゴジラが、やがて東京を襲って、破滅に陥れていく。妖怪が大怪獣という形をとり、異様な外界からの力によって、大都市を終末に導いていった。大都市は、やがて滅びていくであろうという、潜在的な意識に対応して描かれており、人びとの間にそのテーマがフォークロアとして伝えられていくのである。

話を現代都市にうつした場合に、アメリカの都市伝説の中にいくつかのモチーフがある。そこでは、都市に出現する異物が主人公となっており、それがいろいろな問いかけをしてくるという仕掛けなのである。

衛生感覚からいうなら、都市に住んでいるきれい好きな人びとは、自分の身体とか、食べ物とか、あるいは家の中に異物が侵入してくることを極端に嫌う。身の回りをつねに清潔に保っておくというのが、都市生活の前提なのである。ところが都市伝説のなかに汚染物とか、気味の悪い異物が侵入してくるというモチーフが語られていて興味深い。たとえばゴキブリとか、クモとか、ネズミとか、ヘビとかが都市生活の中にはびこっていくというモチーフが生まれてきている。

アメリカの民俗学者ブルンバンが、学生を話者としてこの種の話を集めて『消えるヒッチハイカー』をはじめ三冊の本を書いた。それらが日本でも訳出され評判になった。学生はいろいろなうわさ話を次々と語り出す素質がある。ブルンバンの分析の中で、興味深いのは、その話が世代ごとの歴史的事実と対応しているという点である。

都市に侵入する異物がさかんにとり上げられるようになったのは、ベトナム戦争中だったという。ベトナム戦争というアメリカにとってどうしようもない存在が、アメリカ人の心の中に深く侵食していた。アメリカの諸都市の日常生活のなかで、具体的にはヘビとか、クモとか、ありうべからざる異物が、日常の中にはいり込んできた。たとえばバッファローのある売場で一人の女性が毛布の中に手を突っ込んで、毛布の手触りを確かめていた。ところが彼女は毛布の中に手を入れている間に、中にとぐろを巻いていたヘビに嚙まれて死んでしまった。この毛布は香港から送り出されたものという。この話はたちまち事件としてラジオで全国に流された。さらに一九六八年以後には各地で類型的なフォークロアとして語られてきているのである。

「消えるヒッチハイカー」というのも有名なフォークロアである。車が若いヒッチハイカーを拾い、家につれてきて下ろそうとすると、乗せたヒッチハイカーはすでに死んでいたという話である。ようするに幽霊を乗せたということになる。これは、人気のあるテーマの一つで、一九三〇年代ごろから、アメリカに自動車が普及するにつれて、語られるようになってきたという。そこには一種の想像力が働いて、いろいろなバリエーションを生み出しているということがわかる。

都市伝説として語られていくと、だんだんストーリーが整えられてきて、新たに主人公を生み出してくる。そしてさらにその主人公を通して語られる話になる。都市が持っている性格が、そうしたストーリーを作り上げていくということが推察されるのである。これはアメリカの都市伝説として提出されたものであるが、この素材は日本の民俗学にとっても新鮮な示唆をあたえるものといえよう。

「異物」排除のテーマ

若い民俗学者の重信幸彦が、日本でこれに相当する伝説として「マクドナルドは猫の肉」という話を、東京で昭和四八年ごろからはやり出した都市伝説として、紹介している。当時マクドナルドハンバーガーが猫の肉を使っているのではないかといううわさがさかんに流されていた。あるいは同じころ、ヘビを使って「味の素」がつくられているというわさ話も、かなり広まっていた。

週刊誌『女性セブン』には、「猫バーグ、臓器スープの料理店一覧」という怪異談が出ていた。「猫バーグと臓器スープを追跡する」という、都市伝説が、そのまま使われているのである。これを見ると、ブルンバンの『消えるヒッチハイカー』の中に記されている話を引用しながら、日本にもこういう事例がたくさんあるので「あなたが耳にした怪異談をお寄せください。採用された方には粗品を進呈いたします」などと記されているから、反響があったと思われる。

若者にはこのような話が受けるようだ。文明化された大都市でありながら、世の終わりを一気にひきおこすような脆さが都市にはどこか秘められている。それが表面化するのはまだであっても、都市の人間はいつも心の中にそうした恐怖をいだいている。それが都市のフォークロアとして語り出されてくる、という理解が成り立つのである。

吉田兼好の『徒然草』(五〇段)に、京都の話として、応長(一三一一—一二年)のころに、伊勢の国から女の鬼が、京の都にはいってきた、といううわさ話が語られていた。女の鬼のうわさで二〇日間ばかり京都中が大騒ぎになったと書かれている。

鬼の現れる場所は京の御所の周辺である。どこそこに鬼が出たといっては人びとが見物にでかける。兼好法師はたまたま御所から東南の方角にあたる道を歩いていたところ、おおぜいの人が群れをなして走っていくのがみえた。そうしているうちに今度は東北のほうの一条室町辺に鬼がいると大騒ぎしているという。今出川《いまでがわ》のほとりからそちらをみると、そこには人びとが群れをなしていて、立錐の余地もない。しかしよく聞いてみると、実際はだれも女の鬼を見ていないという。見ていないのだけれども、集まった人びとはうわさしあっている、京都中上を下への大騒ぎになっていた。そういう異様な騒ぎが一四世紀はじめに、京都の町で起こっていたのである。

吉田兼好は結論として、こうした狂乱状態は、この二、三日の間、人びとが奇妙な熱病にかかっていたのであるとし、女の鬼のうわさは熱病の発生する前兆だったのだろう、と推察している。つまり冷静な人の立場から見るなら、むやみやたらに飛びまわっている人びとの背景にあるうわさ話は、何か特別の事件が起こる前兆ではないかという考え方なのである。

おもしろいのは、都に怪異を生み出しているのが女の鬼で、それが伊勢の国から現れたということである。京都からみると、伊勢の国は、山岳を隔てた、はるか彼方の都市は、異空間であり、そこから現れてくる女の鬼は、山姥のようなイメージがある。都市は、そういう異物、あるいは異人など、何か不思議な存在を受け容れて、それに馴染まないときには妖怪とみなして恐れたのである。そうしたプロセスをフォークロアとしてつくりあげていくという傾向があるように思う。

「不思議な場所」のテーマ

都市近郊の怪異譚

江戸時代、現在の東京の池袋は、市内の中心地からみると周縁部にあたっており、そこにさまざまな奇異の現象があったと伝えられている。池袋をはじめ、池尻、目黒など、西郊の村々出身の若い女性が、市内の武家屋敷に下女として奉公している最中に、不思議な事件が起きることがあり、「下女が部屋地震こいつ池袋」とか、「瀬戸物の土瓶がみんな池袋」という人口に膾炙した川柳で知られるような、「池袋の女」の怪異が語られだしたのは、江戸近郊の地域開発がすすんだ一八世紀の後半のことであり、当時話題の世間話の一つであった。

若い女性が起こすヒステリー症状であったが、それが表面にでないで、彼女が居眠りしているあいだに周囲の空間が大騒動になるという状況があり、江戸時代の学者もいろいろと論議していた。とくに下女が出自としている池袋という土地のもつトポスが、影響をあたえているのかもしれないのである。

池袋は江戸の水道の水源地にあたっている。武蔵野丘陵の扇状地であり、水量が豊かな土地なので、水分の多いじめじめした場所でもあった。そういう土地柄であって、かつ都市近郊地なのである。つまり都市の周縁部にあたる農村ということが、立地条件としてある。話題の「池袋の女」のほかにも、以前からいろんな怪異譚が語られていた。

たとえば池袋に百姓杉山勘兵衛という人がいた。勘兵衛は、文政元年（一八一八）の四月のはじめに行方不明になった。親類縁者たちが手をつくして探したけれど見つからない。この時期はちょうど農業の忙しい時期であったが、人びとは田畑の仕事をやめて鉦や太鼓を打ち鳴らし、あちこちを訊ね歩いた。約一五日間探しまわったけれどもついに出てこない。占いをしてもらったけれども、何の効果もない。人びとは結局神隠しにあったということであきらめた。

しかるに、ちょうど二〇日ぐらい経った日の明け六つごろに、勘兵衛は自分の家の前に忽然と立っていたのである。手には小さな包みを持っていた。しかしその様子はただならない状態である。家にはいるやいなや、座敷にばったりと倒れて、眠ってしまった。そこで、村の者もぞくぞくと集まってきた。勘兵衛は約四時間熟睡したあと、起き上がってこういった。自分は山伏に連れていかれた。山伏は自分を背負って山中を飛びまわっていたという。そして今朝別れるときに、お土産にといって薬をくれた。この丸薬は一切の悪病、魔除けに効くという。またそれを懐中に入れておく者は、勝負事には運強く諸々の難病に効果があるといわれているといって取り出した包みから、丸薬を人びとに見せた。

さらに、勘兵衛は、日本国中の神社仏閣、名所古蹟、すべてを歩きまわってきており、その様子を確実に人びとに伝えたという。人びとはこれは神霊がのり移ったものだといいはやして、みんな勘兵衛を拝みに集まってきた。そして帰りには勘兵衛が持ってきたという丸薬をもらいたがった。遠方より訪ね来る人びとで勘兵衛の家の門前は市のごとくとなり、六日間のあいだ、この評判はただあがるいっぽうであった。

たとえば、一人の娘が三年間長患いをして調子の悪い病気であったけれど、勘兵衛の持っている丸薬をもらおうとして池袋にやって来るやいなや、その明け方から不快な症状が消え失せて、正気となり、丸薬を買う前から病気が癒ってしまったといううわさが広まった。丸薬のおかげで勘兵衛はたちまち金持ちとなった。そこで勘兵衛は池袋村を引き払って、高松町の立派な屋敷にはいった。一代にして大金持ちになったというわけである。

だがこの話には後日譚がある。勘兵衛そのものはじつは本当に神隠しにあってはいなかったということになっていて、勘兵衛が一儲けしようとして、丸薬を薬屋にわざわざ安い値段で作らせておき、それを作らせている間にわざと神隠しにあったという演出をしたというのである。実際には新宿の色街に居続けて遊んでいたというわけである。ところがあまり長い時間かかってしまったので、まともに家に帰ることができなくなり、いろいろいいつくろいができるように、神社仏閣の名所案内記を全部暗記しておいて、あたかも神隠しにあったという口実でもどってきて、まんまと商売に成功した。あっという間に大金持ちとなり、池袋村を飛び出して、大きな屋敷に住むことになったのである。

この話が例の偽薬を作った薬屋の口から世間に広がり、池袋村の農民たちは、自分たちを騙してかくのごときことをするとは何事かと、大騒ぎとなり、勘兵衛の屋敷を数千人が取り囲み、鍬や鋤、天秤棒などそれぞれ物を持って、大声を張り上げ、勘兵衛の家を破壊しようとした。この大騒ぎを聞きつけた池袋村の菩提寺の住職が駆けつけて、村人と勘兵衛の中にはいり、すべてが誤りであることを証文に書かせ、インチキをした勘兵衛を出家させることを約束とすることで、騒動は納まったという。

この勘兵衛なるものは、ごく普通の百姓で、口だけは達者な男であったけれど、それ以来すっかり無口になり、村の者にたいしても口を開くこともなく、黙々と一生涯を終わったという。世の中で神隠しというものは、だいたい幼い子どもや女に多いわけだが、こういう若い男が二〇日間も行方が知れなかったというのは、インチキだと悟るべきなのに、それが分からなかったのだから村人のほうにも責任があるというようなことで、この一件は落着している。

江戸時代の世間話であるが、現代にも通ずるペテン師というか世間師というべき男の話であり、池袋村の勘兵衛として知られるようになった。

「池袋の女」と「赤マントの女」

旧池袋村は、現在の高速道路の近くにあり、かつてこんもりとした林があった。そこにまた池袋天神という謎の神が祀られていたという。この神は、占いの神であり、おおぜいの人がお参りに行っては、天神の前にある石を持ち上げて、石占いをしたという。

この信仰も一世を風靡した流行神だった。占いをする男は江州からやってきた旅の男だったという。彼は謎の御神体として、池袋天神を流行らせたことになる。池袋村にはことば巧みに神々の霊験あらたかであることをいいはやす人びとが集まっているという印象をあたえている。池袋天神などは、文化年間のはじめにペテン師ともいえる男によって霊験ありと宣伝されて流行り出し、江戸の人たちが、三年間にわたって群参していたと記されている。四年目以後には、もうすっかり人気がなくなってしまったけれども、池袋には何かおかしな事がおこりやすいのではないかということを、当時のインテリたちが書いている。柳田国男も、かつて「池袋の女」の実在性などを、現地に調べに行って、この辺りは異常心理が発達しやすい場所だとしている。

すなわち「東京に近い村に妙な心理上の威力を有する部落がある」というのである。江戸時代の学者たちも、「池袋の女」という怪異現象の原因を説明しようとしていた。かれらは「池袋の女」の出自は秩父の山中のオサキギツネであるという。オサキギツネという憑物筋《つきものすじ》の霊が女にのり移り、あちこちで騒ぎをおこすのであろうという説を唱える人びともいた。

いっぽうでは、そうではなくて池袋村の氏神が怒って、その威力を発揮したものだという。自分の村の氏子である女が江戸で、他所者の男に悪さをされたため祟るのだ、と唱える人もいた。いずれも憑霊とか霊的現象という説明から解釈しようとしている。

柳田国男はこのことを「心理上の威力」と説き、近郊農村の出身で都心に勤めている若い女性が、江戸の男にレイプされた瞬間に生じたものである、という説をうちだしている。

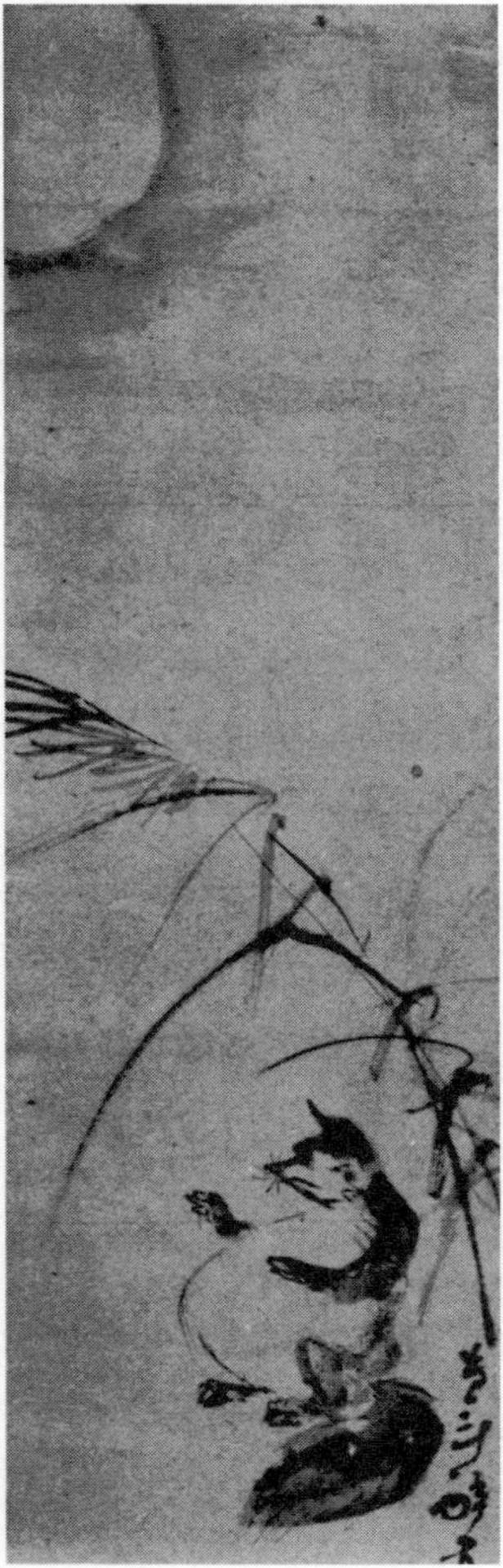
七不思議の一つになった狸の腹鼓（月岡芳年筆）。

その後妖怪学の井上円了が明治時代に全国三〇〇カ所以上の妖怪現象の調査を行った。その結果、こうした怪異現象をおこすのは、近代社会においても屋敷に勤めている若い女性たちであるという実例が、相当例収集された。

井上円了は、屋敷奉公などでつねに虐げられた身分にある若い女性が、日ごろ思うように遊べないという欲求不満を主人にたいして表明するために、たとえば人にかくれて茶碗を投げたり、石を打ったりするのだ、という合理的な解釈をほどこした上で、一種の軽犯罪行為であると結論づけた。

それはまた、ポルターガイストとよばれる現象であり、現在でも大都市の中には温存されているといえよう。「騒ぐ霊」と訳される霊的な世界の問題を、江戸時代のフォークロアが伝えているように思われる。

都市が語りだすうわさ話に注目してみると、さらにいくつかの事例がある。東京になっても、同じような話が出てくるのである。大正末になって、荒川区の尾久《おぐ》に女が行くと殺される、といううわさが評判になった。尾久（奥《おく》）という地名が端的に表わしているように、その場所は都心と周縁のちょうど境界にあたるような土地柄である。そういう場所へ女が行くと殺されるという。実際昭和の初年には荒川の尾久で商店の若い主婦が三人、あいついで白昼殺されるという犯罪事件がおこった。当時の町会長がその状況を記事に書いている。

それは「尾久の奇っ怪なる連続事件および阿部定騒ぎ」という内容である。まず昭和のはじめに連続的に女性が殺される事件があって、以前からいわれていた「尾久に行くと女が殺される」といううわさが、現実の問題になった。そしてそれから一〇年経つか経たずにその地に有名な阿部定の事件が起こったのである。

事件は昭和一一年のことであり、二・二六事件の直後であった。この猟奇事件の舞台は、尾久の待合であった。情人の男根を切って逃走中の阿部定がどこそこに現れた、といううわさが東京のあちこちで流れた。たとえば銀座、神田、東京駅、芝、日本橋といった地点で、阿部定が現れたと新聞報道されている。すると、そのたびごとにおぜいが群れをなしてその地点に集まってくる。結局阿部定が逮捕されることによって、一件は落着しているわけだが、その後尾久では、阿部定を福の神として祀りこめたという。阿部定のおかげで尾久の花柳界が大変にぎわったためだという。

阿部定事件のあとしばらくしておこったのが「赤マントの女」の一件であった。この事件は怪人「赤マント」によって女学校の生徒が狙われるといううわさである。

大宅壮一は、「赤マント」の赤という色は当時人が恐れていた共産党のシンボルカラーであるので、おそらく怪人「赤マント」は男であろうと解釈している。本田和子《ますこ》は、赤とは〝女の血〟を表わす色だから、「赤マント」は女性ではないかという。

本田のいう「赤マントの女」は、黒いインバネスに身を包んだ老婆であると思われているが、唇から犬のようにとがった歯がのぞいており、マントの裏は血のように赤かったという。「赤マント」が少女を襲って肝を取ることから、血取りとか、子取りともいわれていた。子どもの遊びである「子取ろ子取ろ」という伝統的な遊びがあるが、それと結びつけている。江戸時代以来の幼児誘拐の遊びともいえる「子取ろ子取ろ」とかさなりあうような話である。

鬼が子どもを略奪してその生肝《いきぎも》や生血をぬくという怪異譚がベースになっていて、昭和の赤マントになっていくのだろうと本田は推察している。とくに若い女の子がつかまり殺されて、血を出す。山中に住み、血をすするという山姥が、昭和のはじめに「赤マント」という形で出てくるという、いわば伝統的な系譜になるのではないかと推察されている。

山中から都市近郊に現れてくる山姥が子どもをつかまえて血をすするという、古い伝統的イメージが東京の限定された空間の中からよみがえってくることは、きわめて興味深いモチーフでもある。

事件のおこる場所

現代社会の中にも、そうした話がしばしば語られ、かつそれは恐ろしい現実として表われてくることが注目される。それはいわゆる都市型犯罪の通り魔の事件である。通り魔に遭遇した場所がくわしく新聞に書かれているのをみると、一定の場所性が伴っていることが分かる。

たとえば、一九八二年七月五日、場所は佐賀県の武雄《たけお》市。一一〇番の通報で、夫が自宅にかけた電話の中に救いを求める妻の声があり、電話の向こうに子どもの悲鳴が聞こえてきた。それは午前一一時半のことであった。寺の住職一家五人が通り魔によって殺傷されたのである。精神異常とみられる男の犯行によるものであるという当時の記事がある。

事件のおこった場所の地形をみると、通りがあって、そこに橋がかかっている。橋をわたって道が四辻に交差し、その脇に寺がある。事件は、橋のたもとの地点で起こった。新聞記事によると、四日の白昼、武雄市武雄町の路上で、男がいきなり自宅前にいた主婦を切り出しナイフで刺し、さらに近くの寺に押し入って、幼い娘二人とお手伝いの女性の計三人を刺し殺した。そして住職の妻にも重傷を負わせたのである。

犯人は直後に現場近くで逮捕されたが、この男は隣町に住む無職の男で、精神分裂病であり、前年三月まで広島市内の病院に入院していたという経歴がある。男は何をやったかまったく事件のことを覚えていないといっている。警察は犯人の精神状態を専門家に調べてもらう必要があるとしている。

事件の発生場所は、武雄市の中心部からやや離れた周縁部であり、この場所が辻か橋にかかわっている。一般に空間を移動するような坂であるとか、谷底で水が湧き出るような土地柄であるとか、そうした傾向があるのではなかろうか。

江戸時代四谷におこった、通り悪魔の話が残されている。四谷はヤツからきた地名で谷の奥まった場所である。そこで通り悪魔が出てきて人に襲いかかるということが語られている。通り悪魔は老人の姿をしたものでそれが屋敷の塀の向こうでこちらをうかがっている。そうした場合その老人の姿をじっと見ないで、すぐに目をつぶって横になりさえすれば、やがて老人の姿は消えるけれども、もしそのまま老人の姿を見ていると、その老人がひょいとその塀を飛びこえてくると伝えられている。飛びこえた瞬間、それに魅入られてしまうと、その者の精神状態がおかしくなってくるという。武士ならば白刃を持って暴れだす。女性だと狂気の如くなって出刃包丁を持って騒ぎだすという。だからそういう異常事態になったら、すぐに目をつぶって心を落ち着けるなり、横になるなりするほうがいい、というのが通り悪魔が現れたときの対処の仕方として説明されている。

境にあたる垣根や塀を飛びこえることによって通り悪魔が発生するというが、こうしたいい伝えを見ると、やはり空間的には境界を飛びこえる部分があり、境界にたいし異常な吸引力が働いていることがわかる。そういう空間がどうやらあったらしい。だから境の空間をこえるときの危険性を強く意識する人と、そういうものにたいして鈍感な人と二通りあるということになる。あまり意識しすぎると境の向こうの世界に引きずりこまれるのではないかということも予測される。

この種のフォークロアは一見してまるで無意味のように語られているけれども、客観的に考える必要があるように思える。

一九八二年の世相のなかで、「自殺の名所」として語られた東京の高島平団地はよく知られていた。つづいて「第二の高島平」という名称で、川崎市の河原町団地などがとり上げられた。そこでは「川崎の高島平」というニックネームさえついたという。一九八二年七月の『週刊文春』の記事によると、河原町団地でちょうど二九人目の投身自殺者がでたという。ここには駐在所があって、ガリ版刷りのパンフレットが配られていた。「高所・階段などからずっと下を見つめていたり、周囲を眺めていたり、出会ったときに顔をそむけたり、すっといなくなる人を見かけたら、高島平方式で一声かけて知らせてください」と書かれていた。

一例をあげると、一九八二年七月三日午前八時、Kさん、七六歳が、河原町団地六号棟の自分のむすこの部屋の前で、高さ一メートルの仕切り壁をこえて、一一メートル下に飛び降りようとした。このKさんは前々年に胃ガンの手術を受けたが経過が思わしくない。また心筋梗塞で通院中であったという。いったん飛び降りようとしてはたさず、手すりに懸命になってぶらさがっていたが、力尽きて落ちてしまった。Kさんはそれまでは鶴見に住んでいたという。その日は鶴見から電話をしないでむすこの家の前に来て、家には寄らずに飛び降りた、と語られている。

さて東京の高島平団地では、同時期に九四件、川崎の河原町団地では二九件。どちらも昭和四七年に建てられた団地である。団地の人口から勘案して、二つの団地の自殺者の比率がほぼ同じだという。高島平団地は荒川のほとりの橋のたもとに広がっている団地群であり、川崎市の河原町団地も名前からみるとようするに河にそって橋のたもとにある団地といえる。河原町は六郷橋の鉄橋の脇にあり、河原は文字どおり川にそった空間ということになる。川崎駅から団地までは約一五分ほど歩く。橋をわたって右側に寄ると団地の高層アパートが林立している。そこへわざわざ行って飛び降りるのは、やはりそこに一種のトポスがあるからだろう。橋のたもとという境界にあたっているということになろうか。

こういうことは偶然の一致ということもあるけれども、江戸時代からつねに無意識のうちに伝えられる時空間の存在が伝統的なフォークロアとして再生してくる場合の発信地ということになるだろうか。

怖さはどこからくるのか

ケガレとハラエ

自殺とか犯罪の、いわば人生の暗黒面を都市の世相からとりだしてくることは可能なのである。そうした闇の世界が三面記事となって表われてくるのは一つの傾向である。それらの深層に横たわっている民俗的要素を発見することは、「都市民俗」の一つの研究方向であるといえる。

くり返すように都市のフォークロアは、都市からにじみでてくるようなモチーフによって構成されているところに特徴があるといえるだろう。しかしまだその全体像はつかみきれる段階にいたってはいない。ただいえることは、都市社会のなかで語られるフォークロアには、なんらかの形で文化伝統を伴っているのであり、たとえば、典型的な「都市伝説」のなかに表われていた異物排除の志向がある。それを民俗用語の

「ケガレ」にあてはめて説明することは、かなり妥当性があるように思われる。

人の一生のあいだで、結婚のあとにくる年祝いの場合に、災厄をになうという年齢があって、それぞれは「都市民俗」として細かく定められている。のちに農村のほうにもおよんでそれらは民俗知識として定着したが、その出発点は都市に発生したフォークロアだった。厄年として女一九歳、男二五歳(これは結婚適齢期に対応する年にあたる)、女三三歳あるいは三七歳、男の四二歳といったその年々が、災厄の集中する厄年とされた。それは同時にその年にあたって災厄を乗り切ることにより、さらに生命力を維持できると考えたからである。

このことを民俗学的な意味から説明すると、「ケ」は気力の気、空気の気、「産気づく」の気と同じ意味であり、生命力の総体を表わす表現と受けとめられている。前述のようにケは、人間の生命力そのものを表わすことばなのであり、その用法は農民だけに限定される必然性はなく、ケガレているという事態が都市の中で生活している人びとの中により多く意識されているという予想がある。

都市に住む女性を中心とする若い世代がより多く霊的なものに依存しやすいという傾向があるとされる。それは逆にいうと、ケが維持できかねているために、逆にケガレている状態を強く意識している結果といえるのではなかろうか。ケガレの状態を回復させようとするから、厄年にあたる者は、儀礼の司祭者になることを表現する事例が数多くある。

たとえば節分や追儺《ついな》の時に年男として豆をまくのは厄年の男という習慣は、厄年の男がケガレているためであり、ケガレを排除することを前提としている。また宮座の頭人にあたる者が厄年にかぎられている場合もある。厄は、ケガレた状態を表わしていたからであろう。

都市生活では、堆積したケガレが容易に排除されにくいという認識があり、ケガレていることを、とりわけ敏感に感じやすいのである。ケガレの状態、つまり、気力、生命力がおとろえているということを前提とした厄年にはそうした、都市民俗の特徴が示されるのではなかろうか。

ケガレの状況を除去する操作が、当然考えられてくるだろう。それを民俗的思考から説明するならば、「ハラエ」の行為となる。すなわち都市民俗として「ケガレ」と「ハラエ」が、「ハレ」と「ケ」にかわって登場したことになるだろうか。逆にいえば、ケガレとハラエがクローズアップされている状況が「都市民俗」の一つの特徴になってくるのである。

ハラエを説明する考え方は、神道の神社神事の中に位置づけられた「禊《みそ》ぎ祓《はら》え」がその典型的事例であった。「禊ぎ祓え」が神事として神社神道の枠組の中にはいっていることはたしかだが、それはまた神社だけのものではなく、ケガレに対応する要素として、日本の都市民が持っていた主要な民俗文化といえるだろう。

ハラエは、ケガレた状態を浄化した状態にもどすための一つの手段といえるのである。いいかえるならば悪しきものを善なる状態に転換する手段といえよう。すなわち災厄を吉祥に、凶を吉にかえる行為である。

ハラエの方法を発達させたのは、平安時代以後の陰陽道であった。神道も仏教もハラエの方法を持っていたが、陰陽道が発達することによって、さらにその知識がとり入れられ増幅したのである。

たとえば京都の鴨川において七瀬の祓えが行われたが、川辺に七カ所ハラエのための聖域が設けられた。大都市にはかならず川の流れがあり、その川辺にハラエを行う場所が設定されていた。江戸の場合だとハラエが行われたのは両国橋の東側のたもとだった。大山詣りや梅若《うめわか》忌の時に行われる祓えは江戸の年中行事になっていたことが知られている。京都の場合は七瀬《ななせ》で行うので七瀬の祓えと称されたのである。

ほかに三月三日にハラエを強調する上巳《じょうし》の祓えとか、百度の祓え、万度の祓えといった事例はいずれも陰陽道の技術によっている。陰陽道の民俗化した知識は「都市民俗」を考えるうえで、きわめて重要な存在なのである。

正月行事をみると、一年のはじめは、神の出現があって時があらたまる。その場合、旧年に蓄積されたさまざまな災厄がもたらすケガレは追放されねばならない。ケガレた状態にたいして前述の厄年の観念と同様にケガレを排除する風習があり、正月行事では厄除けとか厄払いとなっている。初春の冒頭の行事として知られる追儺とか鬼やらいは、災厄を異形の鬼にかこつけて、現世からそれらを排除するものだった。

節分は立春の前日にあたり、その夜から新たな時間の出発がある。だから旧年にたまっていたケガレはその時点で消滅されなければならない。豆まき行事で年男が豆をまくのは、年男が司祭者に位置づけられているからであり、とくに厄年の者をそれにあてている地域が多い。厄年は死とか苦労などの語呂合わせで気にする以上に、その時間が人生の折り目にあたっていて、心身のケガレがたまりやすい傾向のある年代の者にとっては、きわめて真実味のあるものであり、その心意が「都市民俗」として定着しているのである。
また正月にさかんな寺院の初詣や縁日などに厄除けの霊験を付した事例は多い。お寺の厄除けの祈禱は、天台宗や真言宗の密教系寺院によって行われており人気を集めている。たとえば正月三日の元三会《がんざんえ》は、天台宗良源を祀る日であるが、たまたまその日が正月の初詣の時間に重なっている。寺では豆大師とか角大師《つのだいし》といった厄除けの護符を発行している。そのほかにも厄除け大師の名称で著名な寺院への初詣も人気がある。

正月における神仏の霊験はその年のケガレを排除したり、抑制したりすることにあるといえよう。正月に祭りが集中しているのは、いわば時間の更新という、日常生活にとって基本的な生活リズムの原点が問われる折り目にあたるからであり、その時に来臨する神霊を迎えて、ハレとケの調和を保たせようとする意図がある。これはまた日本の伝統的なケガレ抑制の文化装置といえるのかもしれない。

「世の終わり」からの再生

都市の機能として、異物、汚穢、邪悪なものを排除しようとする思考が働くことはくり返しのべてきた。そしてこれらがフォークロアとして顕在化してくることが民俗学的に興味深いのである。そういう意味で東京が興味深い都市であることは、江戸の名残が現在の史蹟としてだけではなく、なお生き生きと意味をもって存在している点にある。

たとえば平将門の首塚などはなじみ深いものとなっているが、現在、都内の大手町にそのまま残っており、時折、祟りを示すといわれている。将門の怨霊が首にこもって、空中を飛来して、江戸の芝崎村神田橋のたもとへ落下したあと、念仏聖《ねんぶつひじり》たちによって祀られ、やがて神田明神の祭神にも列せられるという縁起は、江戸時代を通して現在まで語られていたが、今は丸の内のエリートサラリーマンたちが毎年、将門の忌日に供養しているという。

とくに窓際族でクビが切られそうなサラリーマンたちのひそかな信仰を集めているというのである。

怪異譚が数多く東京に伝えられていることは、ロンドンや、パリ、ニューヨークなどの世界の大都市に匹敵している。近・現代社会を目安にするならば、むしろ東京のほうに、より都市伝説としての密度が濃いのである。江戸以来の本所七不思議をはじめとして、千住、麴町、麻布などにも七不思議が語られた。それは明治三〇年代ごろまで伝承されていた不思議な現象であり、都市のフォークロアとして定着しており、そのモチーフが注目されるのである。

七不思議とは江戸が都市開発にともなってさらに拡大発展していくプロセスを物語るものである。そのさいに霊的なものを排除できずに温存していることを、これら七不思議は伝えてくれる。『西郊民俗』一二八号には、平成元年にいたってもなお七不思議の系譜がみられる事例がのせられている。たとえば、渋谷西武デパートのA館とB館の間道には道祖神が祀られているという。

その因由はというと、建築工事の際、死者が続出したので、死霊を鎮めるために祀ったのだという。また京王線明大前駅近くの迷路のような小道に、オニギリのような頭の地蔵が立っている。その由来は、この地蔵はバラバラの神で、この近くに住む家がかならずバラバラになったので、地蔵を祀って霊を鎮めたというものである。バラバラになるという都市の心意をシンボライズした伝承である。

そのほか、四谷図書館の入口のない地下室など、悪霊がさまようというあらすじがやたらに語られているのである。つまり東京には霊的な力が依然として満ちているこかと思われる。

とになるだろうか。このことは都市の活性化を招く一つの手がかりになるのではないかと思われる。

ということは、都市の怪異譚はつねに自然と住民との不調和を警告するために、都市の内部から滲出してきたフォークロアとしてとらえられるべき性格があるからである。そういうフォークロアをくり返し語り出そうとしているのは、都市自身がなおケガレを回復しようとする自助の行為とみることができるのである。

だから「都市伝説」を、たんに珍しい奇事異聞、あるいは軽佻浮薄な風俗現象とだけにみないで、私たちの日常生活の根っこの部分を深く規制しているコスモロジーと結びつけて考えていく必要があるのである。

都市には神仏信仰が盛んで、新宗教やオカルトがブームになり、妖怪変化の世界が復活しているという現象をとらえただけでも、都市のもつ活力のうごめきを知ることができ、それがさらに「都市伝説」の形式をとって表われてくれば、なおおもしろい。前述したように都市伝説は、いわゆる京童《きようわらわ》の都人士《とじんし》が世相に敏感に反応した結果、自由自在に語りだしてくる口伝えの内容をさしている。別言すれば、それはうわさ話や世間話なのであり、それは一見無定形のようでありながら、話の基底には類型化できる共通要素が発見されるのである。

病が都市生活の日常的不安の根本にあったとするなら、ハレとケが、生活リズムとして巧みに織りなされている状況とは対照的となる。人々にとって、病因の発見とその除去というくり返しのリズムがそこに必要となってくる。その場合、日常の基本にある暦は具体的には凶日や悪日をハレの日とみなし、そうした日々は守護霊が不安定な日であるゆえ、休息をとり物忌みをすすめたのであった。

このように厄年や病に敏感な都市民俗は、ケの維持・強化を表現するよりも、ケガレそのものを認定し、それを異物として除去することにその特色を表わすこととなった。

江戸という都市空間に、そうした状況が顕著であることは、さまざまな生活暦に示された民俗知識の流行と不可分に結びついている。そのことは都市民俗が「ケガレ」を基準に再構成される志向をもっていることを示唆しているのである。

以上のような、ケガレの累積が高まるということが現代社会の一つの潮流なのであり、そうした意味で、都市の民俗資料の豊富さはいうまでもないだろう。近年色川大吉によって示された『昭和史世相篇』(小学館、一九九〇)の構想なども、現代社会に展開している世相の一つ一つの背後にかくれている民俗の存在をえぐり出そうとするものであり、現代社会にたいする民俗学のとりくみを強く促しているのである。

さて、これまでの都市民俗研究の一端として、都市のフォークロアに秘められているモチーフに「世の終わり」のイメージのあることをのべてきた。「世の終わり」はエスカトロジーのことであり、一定の時間に、ある決定的な事態がまもなく到来すると考える時間感覚なのである。そうした観点から現在のすべてを再確認するという営みが都市のなかから表現されているといえるだろう。その場合、「世の終わり」からふたたび再生するというモチーフが日本文化には備わっていることも指摘できるのである。

Ⅲ　再生への願い

ケガレとキヨメ

キヨメの浄力

これまでのべてきたケガレについていうならば、私たちは日常生活のなかで、無意識のうちにケガレの観念を用いている。たとえば個人的なレヴェルにおいて、女性の生理や出産に伴う出血の状態、死者がでると、葬儀に伴うケガレといったことが特別な出来事となっており、当事者はそうしたケガレを忌避したりそれを除こうとつとめる。

出産にしろ生理にしろ、それにかかわる者は、その時間内には日常の空間を離れて、身体の休養につとめ、体力を元に回復させようと努力するし、また葬儀の場合には、死者のケガレから遠ざかるために、キヨメの手段をとろうとしている。

人が一生を過ごすうちで、この種のケガレはだれもがかかわらざるをえないものであり、ケガレをそのつど排除していくことによって、生命の活力がみなぎっていく。ケガレを除く儀礼にハレの力がこもっているのはそのためであり、ケガレを排除する手段は、必要な文化装置といえるのである。

ところが、もう一つ考えねばならないのは、ケガレが個人の次元ではなくて、個人が所属する集団全体がになっているケガレの存在である。この場合、一人の人間がどうこうするというのではなく、集団に共有されているとみなされるケガレのあり方が認識されている。

もっとも端的な事例は被差別民にかかわるケガレであり、ひとたび被差別民としてレッテルをはられると、それは血スジとして代々子孫におよぶことになる。集団が背負うケガレのために、その集団が隔離されたり、キヨメられることによって統御されることになり、社会全体のバランスが保たれてくる。

つまり、ケガレを属性とする集団が存在することにより、それを排除する機能が働いて、全体の体系が維持されるということであるから、ケガレ集団そのものがはじめから作為的に設置されたことが予想されるだろう。その意味では、被差別部落がケガレているというのではなく、ケガレにあてはめられたという認識が重要であろう。

門馬《もんま》幸夫はその点について、「被差別民は『穢れている』という言い方はまったくの間違いであり、被差別部落民は『穢れとされた』のである。両者の間の差異は天地ほどにも異なっていよう。前者は差別の視点からであり、後者は差別からの解放の視点を含んでいるからである」（「『穢れ』と部落差別」『宗教と部落問題』所収、一九九〇）とのべているが、傾聴に値しよう。

ケガレが社会的・文化的な価値体系のなかで、その維持のために排除される要素として設定されたのは、歴史学の上では中世から近世にかけての権力の介在によるものという学説が知られている。しかし、ケガレの文化的伝統の文脈からいえば、それは制度をこえるものであり、時代の枠組のなかで消滅するものではない。士農工商・穢多・非人の身分は、かりに社会的分業に対応するという前提があるにしても、被差別の要因となっているケガレの内在的意味については、十分な吟味が必要となっていることはいうまでもない。

中世から近世にかけて、ケガレているという認定をされた特定の職能集団は、ケガレにもっとも接近していた職人たちであった。中世に神社に直属して特別の仕事をする職人を「キヨメ」とよび、それは浄化を専門としていた。キヨメの語には、宗教的意味がこめられていたことは明らかであろう。

一般に、ケガレが日常生活に侵入して累積すれば、それを排除するという構図がある。ケガレをキヨメるという行為を思想に結実させたのは、中世の神社神道であり、なかでも神仏習合をはたした熊野信仰のなかには、「キヨメ」の独自性が秘められているのではないかという点を、中沢新一が指摘していて興味深い(「中世のキヨメ」『歴史読本』五〇九号)。

たしかに熊野信仰は、女性とかレプラ(ハンセン病)患者の接近にたいして寛容だった。とりわけ女性の穢れを問題とせず、またレプラの治癒に霊験を示すのには、浄化=キヨメの強さが備わっていたからなのだろう。

こうしたキヨメを温存させていた熊野信仰は、いうならばケガレそのものを一身にうけおう力をもっていたのである。熊野信仰の担い手たちは、自らがケガレることによって、キヨメの浄化力をもちえたと解釈される存在であった。古代以来の熊野の神秘的呪力は、近世にはいって急速に拡散されてしまい、各地に断片的なフォークロアを残すだけになってしまったといわれる。

熊野修験や熊野比丘尼たちの遊行の事跡は全国的にあるが、それでも東日本を中心に色濃い伝承が残されている。それを再構成しながら、その基底を流れる民俗的要素を発見する作業は地道に行わなければならないだろう。

民俗的行事

以上のような文脈のなかで、ケガレ―キヨメの相互関連が表われている民俗的な事実を具体的にとり上げて考えてみたいと思う。

愛知県北設楽《きたしたら》郡の奥三河地方を中心にして行われる花祭は、歌舞を基調とする冬祭りであり、別に花神楽とも称される民間神楽であり神事である。これは現在も民俗芸能として名高く、一二月から一月にかけて、ほぼ二〇カ村で順次行われており、祭りの諸行事の見学に参集する研究者や写真家たちは毎年数多い。昭和五年の時期には、民俗学者早川孝太郎によって精細で驚嘆すべき花祭のモノグラフが世に出されたことは、きわめて貴重であり、人びとのよく知るところである。

早川孝太郎著『花祭』後篇(『早川孝太郎全集第二巻』所収)に収録された、花祭の際にかつて行われていたという御神楽《みかぐら》についての調査報告の中で、注目される民俗事実があった。それは歌舞の行われる空間の舞処からやや離れた畑の中に、方形の構築物が作られており、そこに舞いを終えた男女が白装束の姿でお籠りするということである。この構築物を人びとは白山《しらやま》とよんでいたという。

もう一つは、振草《ふりくさ》村古戸《ふっと》（現、東栄町）で、以前は花祭と密接な関連があったと推察されている高嶺《たかみね》祭りがあった。この高嶺とは村の西北方に聳えている白山と称する海抜一〇〇〇メートルにおよぶ山の別称である。この白山に村人が登り、山頂で七日間の参籠をした。昭和五年の段階には、すでに直接花祭とは関係がなくなっていて、高嶺祭りは隔年の行事となっている。しかし古戸部落では、村人たちがこの白山に籠って下山したあとに花祭がはじめられたといわれている。

愛知県奥三河の山間部に永く伝承されていたこれらの民俗行事の背後にひそむ民俗思想はどのようなものであったか。とりわけ花祭では、以前行われていた白山と称する謎の建造物を中心とする行事、そして白山登拝などに表現されている思想の軸はなんであるのかを探ってみたいものである。

「白山」の意味

新たな生をうける

早川の調査によると、白山は方形の建物であった。高さ約三間から三間半、広さは二間から二間半四方で、屋根はなく、壁はすべて青柴を束ねて葺き囲い、この表面にたくさんの白色の御幣《ごへい》がさしこまれてある。内部には二尺ほどの高さの床があり、床の下に青柴の束が敷き並べてあり、さらに床の上には白色の木綿が敷かれている。四方の壁にはそれぞれ入口があって、天井の中央の部分から白い御幣でつくった梵天が吊り下がっている。それを中心として四方に青・赤・黄・黒・白の五色の布がはりわたされている。これを一名五色の雲とよぶ。さらに一二個の竜や神の道、善の綱といった名称のものが添えられている。そして入口のいっぽうには橋がついていて、舞所《まいどころ》である舞処に接続していた（前出『花祭』後篇参照）。こうした白い建物が畑の中

早川孝太郎『花祭』より、白山の想像図。白い建物にはいる浄土入り。

に建てられたのであった。

安政三年（一八五六）の時に行われたのが最後で、それ以後断絶しているが平成二年一一月にその一部が再現されたことは記憶に新しい。安政三年の折の記録では舞処より東南方に向かって三〇間隔たった畑の中に白山があったという。その間には橋がかけられており、その橋は無明の橋とよばれた。無明の橋は俵を積んで橋枕としており、さらに板を並べて、その上に白木綿が敷かれてあった。

表側と裏側の青柴の上には白色の幣がぎっしりと覆いつくし、その一角から白い橋が一直線に突き出ている、何やら得体の知れぬ白色の建物が村の畑の中にポツネンと立っている。早川が調査した時点では、そうした光景を当時はまだ幼年期であった古老たちが印象深く記憶に残していたのである。

この白山とよぶ構築物の中へ、六一歳を迎えた老人たちがはいり、やがてその建物が破壊されることによって、中にいた老人たちは生まれかわるという象徴的な意味がつけ加えられている。このことは、民俗学の上で、擬死再生の観念がこめられていると考えられている。

後藤淑《はじめ》は、昭和一〇年のころ、当時八〇歳という話者の祖母の「白山」の体験談を報告している。「白山という場所があって、二間四方位の建物の中へ、丁度花祭のときの様に飾り立て、周囲の天井は紙を飾って真白かった。そこへむやうの橋（無明ノ橋か）と云う橋を渡し、その上を渡って白山へ這入《はい》った。白装束をつけて、六角の金剛杖を持ちスゲの笠をかぶって（中略）その橋の上を渡った。経文が一杯敷いてあった（下略）」。

そしてさらに「白山の中へ這入ると、枕飯を喰える様になって居て膳についた。それを半分ばかり食べた時、外から鬼が飛んで来て、花を舞ったまさかりでつついたりして、中に居られず、皆逃げて出て来た。それは中の日であった」（「三河の大神楽」『民俗と歴史』第七号）という状況なのであった。老人が真白い「白山」の中にはいるときは、白装束であり、橋をわたって他界へはいるという心意があった。白山の内部で枕飯を全部食べてしまう前に、白山が壊されてふたたび現世にもどってくるという気持が、この一九世紀初頭の「白山」の体験談のなかにうかがうことができる。

白山にいると、鉞《まさかり》を振りかざした五色の鬼が突然乱入してきて、白山に参籠する人びとの周囲を踊りまわり、最後に中央から吊り下がっている梵天をバッサリ切り落としたのである。その間籠っている人びとは本当の恐怖にみまわれたという。「因みに浄土入りのものは、この時怖ろしさに心も空になって、枕飯《まくらめし》が咽喉に通らぬもあり、中には感激と恐怖が一緒になって、嗚咽の声が外まで漏れ聞えたと言う」と前記早川孝太郎は記している。

花祭で演じられる神楽においては、人の一生を四度にわたる儀式で象徴している。すなわち誕生、成人、厄年、浄土入りの四段階である。最後が白山で浄土入りにあたる。あの世にはいってすぐ出てくることによって、大願をはたした者となり、「かんご」つまり神の子になったことを意味したという。それはすなわち人生の最大幸福者になったというわけである。

仏教的解釈では、これを浄土入りとして、あたかも死を象徴するかのようであるが、そうではなかった。ウマレカワリ、それも神の子としてウマレキヨマル存在として出現することを意味した。二番目の儀式にも「生まれ清まり」があるが、これは氏子入りや、一三歳における成人式の意味も考えられている。「生まれ清まり」とはなかなかすばらしい表現である。ケガレがキヨメられて、新たな生をうけるという人間のつくり出した知恵なのである。奥三河地方の豊根村で、おそらく中世のころより連綿と伝えられていた民間神楽のなかに、「生まれ清まり」のための白山の装置があって、文書や伝承からある程度まで、その再現が可能であることは貴重なことである。
最後の白山は、安政三年一一月一八、一九日にわたって、豊根村の下黒川津島神社境内の阿弥陀堂を中心に行われたと記録されている。記録によると、白山は毎年ではなくて、六年目とか数十年に一度といった不定期の臨時の儀礼であり、とりわけ村の飢饉や凶作という事態に対処するための神事であったという。

暴風や長雨、洪水などの災厄がつづき、共同体の維持運営がむずかしくなったときに「生まれ清まり」がなされる。ということは、共同体全体が背負ったケガレの災厄を、なんとか回避する必要があり、キヨメの力を集結させて「生まれ清まり」が神楽の形で実施されるのである。

このうちで、これまでのべてきた文脈でいえば、中心的行事の「白山入り」が重要だった。すでに約三週間前より白山の作製がはじまっており、当日の朝より、聖域としての白山の祓い清めがあり、のちに諸々の神仏が勧請《かんじょう》されるのである。白山の主神は「白山妙利大権現《みょうりだいごんげん》」であり、うたい文句のなかには、「白山妙利大権現、ひじりの舞うかぐら」とあって、おそらくこの神楽を唱導した聖の存在がうかがえよう。

村人たちの立願《りつがん》は、男四二歳、女三三歳の厄年からはじまる。まず個人レヴェルのケガレがキヨメられる。立願の人びとは扇を三本開き、その親骨を結び合わせた円型のものに、竹の皮にて笠の緒をつけた被り物を頭につけて白山入りをしたという。これを扇笠と称しているが、この世から異界に移行する際に用いられる呪具の一種と思われる。この笠を被り、現実のものではなくなることを表示しているのである。

つづいて、前述のように男女六一歳の還暦にたっした者たちが、「生まれ清まり」の結果、神子《かんご》となるため白山のなかにはいった。白山は仏教的解釈によると浄土であり、かつ黄泉国に想定されている。

たしかに三途川があり、そこに橋がかけられていて、橋に白い布が敷かれている。そこをわたって真暗闇の白山のなかでの物忌みがあって、人びとは異界体験を過ごす。やがて山見《やまみ》鬼《おに》が訪れ、なかで乱舞し、夜明けとともに獅子が出てきて白山が破壊される。

そこへ別の五色の鬼が現れ、白山入りしていた人びとを助けだす。現世に連れもどされた者たちは、笹の葉で釜の湯をあびせられ、それが産湯となって、神子として誕生するという感動的な場面がある。「生まれ清まり」によって世界が再生されたのである。

白山信仰

この白山の装置をつくり出した人びとはどんなコスモロジーをもっていたのだろうか。今ではそのルーツをたどりにくくなっているが、白山にまつわる修験道の影響は無視できないのであり、白山修験道の関連から説明しようとする学説がある。五来重《ごらい》は、この白山の形状が円錐形となっていて、古代の死者を安置するモガリに類似していることから、死者の容れ物であり、それを呪具に用いて死霊を鎮めようとした修験者、あるいは聖の存在を想定していて注目される。

現在でも、葬式が終わった古いお墓に行くと、かつてのモガリの跡を示すミニチュアの家屋のようなものが、古墓の上にのせられていることを見ることがある。古代には、このミニチュアは本物で、そのなかにある期間遺体が安置されていたと思われる。ところが不思議な一致がここにある。それは被差別部落のなかの旧家に代々残されている「河原巻物」と称される巻物のなかに、「白山」について由来を説明している内容なのである。たとえば山梨県都留《つる》郡の谷村（現、都留市）で発見された『三国長《ちょう》吏之由来《りのゆらい》』なる巻物のなかで、「長吏」が「白山大権現」となり、その働きをのべた箇所がある。

「白山大権現ノ竹」というものについてこう説明している。すなわち、白山の竹が、どのように使われているのかというと、これは人が死んだ時の「野幕竹、モガリノ竹」だという。それは遺体を安置するために構築された容器である。これを「モガリノ竹」と称したのは、モガリの際に使った竹を意味している。

野辺送りで葬場に死体が運ばれる。火葬にする前にそれを特別の容れ物におさめるのであるが、その容れ物は、四本の幡と棹、天蓋から成っており、これらはいずれも竹で製作される。そしてその形状が「竜天白山《りゅうてんしらやま》ノ形也」とよばれる。まず地面に敷布が敷かれるが、これは「地天白山の形」のことであり、これを「白山大権現」と称するのだと説明している。

つまり白山というのは、竹でつくられた容れ物であり、死体をその中に入れてモガリの対象としている。簡単にいうなら白い布と竹によって組み立てられた白い容器をさしていることになる。これが白山であり、「長吏職野辺幕布取ル謂《いわ》レ之事」のなかでは、「長吏職」という職能に、竜天白山と称される特別の装置をあつかう権限があたえられていることが記されているのである。

ところで、東日本の被差別部落に、白山権現、白山神社が多く祀られていることは、これまでの研究で明らかにされている。いわゆる「穢多・非人」のあいだで白山がなぜ強い信仰を得ているのだろうか。

日本の寺院に有力な勢力を占めている曹洞宗は、この白山信仰に深く結びついている。たとえば「竜天白山」とか「鎮守白山」の名称が経典にみられる。両者とも修行者を助ける護法神や鎮守神として位置づけられている。曹洞宗寺院は鎮守として白山社を勧請していることが知られている。曹洞宗寺院が葬式に関与するにおよんで、「白山」の装置を用いたことが推察されるのである。

その場合、「白山」は死穢を消滅させるキヨメの装置として、すでに民間社会に存在していたのではないかという学説もある（佐藤俊晃「曹洞宗教団における『白山信仰』受容史の問題」『宗学研究』第二九号）。白山は、葬儀に関与したケガレをキヨメる力をもつという観念が民俗思想として存在していたとするならば、この「白山」を自由自在に駆使していた職能民の存在がきわめて重要と思われる。

白山については、これをシラヤマとハクサンの両様の名称がある。しかし被差別部落の鎮守に祀られている白山は、シラヤマのほうが一般的といえる。それはシラヤマ自体がキヨメの力を強くもっているためであり、それは共同体に襲いかかるケガレを除き、人びとを救済する力を原点にもっていたのである。

この「白山」が、前出の被差別部落の巻物である「長吏由来書」の主題となっていることはいったい何を意味しているのだろうか。ここで注目されることは、「白」の存在なのである。

柳田国男は、かつて稲の貯蔵場と人間の産屋を、ともにシラとよぶ沖縄の事例に注意していた。「自分などは是をDR二つの子音の通融《つうゆう》、と言はうよりもむしろダ行が曾《かつ》てはもつとラ行に近かつた時代の名残では無いかと思つて居る」(「稲の産屋」)といい、「生むもの又は育つものを、シダ即ちシラと謂つて通じたのかと思ふ」と主張していた。シラ・シダは日本の古語であり、沖縄語にそれがまだ残っていると説明したのである。

シラと再生

沖縄の事例から

本山桂川《けいせん》著『与那国島図誌』には、前出の柳田の指摘とかかわる重要な資料が提示されている。

沖縄の与那国島は八重山諸島の南端に位置するが、ここで家ごとの庭にシラというものがあった。低い四本の柱を立てて、吾妻屋風の藁ぶきの笠屋根でおおわれている。その高さは六尺から八尺で、内部は一坪か一坪半ぐらいである。屋根は厚くふかれており、その頂きには蒲葵《くば》の葉で珠形に包んだものや、瓦やすり鉢などを伏せたものがある。下は地面のままで敷板はなく、そこに農具や日常用具が置かれている。この建物はシラとよばれていて、きわめて神聖視されており、秋の種子取り願いの日には、シラの形に握った白い米飯のお初穂《はつほ》をこのシラの屋根の上に供えるならいがあった。

このシラは八重山諸島では、以前は稲の屋外貯蔵場であった。沖縄における稲の収穫量は少なく、とても日常の食事となるわけでない。稲は神祭りに供せられたのだが、古くから米の豊作は人びとの生活を幸運にするものと考えられていたのである。沖縄諸島で稲の刈り入れは旧六月の半ばごろであり、次の播種までの間に豊作祭が行われる。この豊作祭の最終段階で種子取りの行事があり、これがいわゆる新嘗祭《にいなめさい》なのである。

旧九月の末ごろにあたる種子取りの日に、稲積にして残っている新穀の穂の一部を米にして、これを炊いて初穂とし、神に供え、また一家親族で共食した。さらにその一部をにぎり飯にして、家ごとにあるシラの上に置いた。それを子どもたちが取って食べた。子どもたちにとっては、シラの上の米飯が自由に食べられるという、うれしい日であったという。

このシラに供える稲の初穂を沖縄語でイバッといった。イバッは新米でつくったにぎり飯である。イバッは北の空から雁か鷹がこの夜運んできてくれるのだと、子どもたちは信じていたという。こうした儀礼の中から私たちは、シラとよぶ稲の貯蔵場がじつは稲霊の再生産される祭場ではなかったかと推察するのである。

与那国島のシラ。四本の柱とわらぶきの屋根で覆っている。

さらに注目されることは、稲籾そのものをシラとよぶ地域のあることであった。沖縄の有名な神歌として知られる「おもろ」の中には、沖縄本島の東南部にある久高島《くだかじま》の浜辺に白い小甕にはいって漂着してきた、五つの種子があり、そのうち稲種子だけが欠けていたという。

そこで沖縄の始祖であるアマミキヨは天に祈り、ニライカナイへ鷲をつかわしたところ、三〇〇日目に鷲が三穂をくわえてもどってきた。そこではじめて種子をまくことができた。これが伝説上有名な三穂田である。それは沖縄における稲作の起原説話となっている。この久高島にはじめてもたらされた稲種子は白種子と記されており、シラチャネとよばれている。

この白種子を白色の種子として単純に理解するわけにはいかないのである。稲籾をシラとよんでいるのは八重山諸島もそうであるが、熊本県葦北郡では、かつて籾殻のことをシラといっていた。それもはじめは実のあるものまで包含していたらしいということである。また岡山県ではイタジイラという語が残っており、これは粃《しいな》の中のまた屑をさし、板のように扁平な形をした粃の意味ではなくて、もとはゆり板の上に残留する籾殻のことであり、それはふつうの籾であったことが推察されている（柳田国男監修『綜合日本民俗語彙』平凡社)。

シラはまた、刈稲のうずたかく積まれた場所をもさしていた。そしてその中に稲種子がふくまれていたこと、その種子は翌年の稲作に必要の存在であったことから、稲霊の依代とみることができるのであり、新たな稲の誕生を意味していたかもしれない。シラがいっぽうで人間の誕生と関連することを柳田は指摘した。根拠となるデータはやはり八重山のものである。とりわけ人間の出産にかんする習俗のなかに、しばしばシラという語が伴っている点に一つのヒントがあった。たとえばここではお産のことを俗にシラといった。そしてお産のある家のことをシラヤーという。また産婦のことをシラントゥ、あるいはシラプスともいっていた。

子が生まれて四日目の日を、四日目明きともユーカシラアキとも称した。これは産後四日間は他人を絶対に産室へ入れないようにしておき、密閉してあった戸を四日目の早朝に開けるのである。この日は少量の白米を炉の前に置き、シナーメという野菜を三本とってきて、軽くゆでて炉の神=火の神に捧げた。これがすむと白米を産室にまいて部屋全体を清め、その後ゆでた野菜を食べたという。

出産後九日目をクニチジラアキという。この日は産婦に床替えをさせて、産室をキヨメた。いわば身体をキヨメる日にあたるのである。四日ジラ（四日目明き）の時と同様に、白米をまいて産室をキヨメるという。そして一〇日目の日を一〇日ジラ明き、あるいは一〇日戸明きともいって、産婦はこの日にいたってはじめて産室から外出できた（喜舎場永珣《きしやばえいしゆん》「八重山列島」『旅と伝説』六巻七号）。

ここでシラ不浄ということばも沖縄に一般的である。シラ不浄はいわゆる出産に伴うケガレを意味した。宮古本島の北に位置する池間島では、お産のある家をシラといった。ここでは箸の長さに切った小竹を十字にゆわえて戸口ごとに吊るしたという。これは魔除けのためであるとされている（『民間伝承』五巻五号）。

ようするにこれはケガレがかかっていることの目印であったと思われる。与那国島でも子どもが生まれると、シロヤとよぶ産室に、一〇日間黒木類の堅木《かたぎ》を焼いて室内を温め、さらにシロヤの入口には一〇日間注連縄を張っておいた。もしこの間に死者があったり、火事などの不祥事があると、縄をとりのけ、翌日からあらためて張りなおしたという（前掲『与那国島図誌』）。

シラとスジ

このような事例からもわかるように、人間の誕生を表現する語として、シラが使われていたことは明らかであるが、このことと前出の稲の貯蔵場をシラとよぶことといかなる連関があるのか興味深い問題である。

柳田国男は次のようにのべている。すなわち、

「ソダツ・ソダテルといふ中央語はいつの頃からか用途が限られて、すでに生れたものの大きくなることだけの意味になつて居るが、是は多分タツといふ語を『台』にした新造語、目立つ、巣立つの類と認めた誤解がもとであつて、西南の諸島に於けるスデユンはもつと範囲が弘く、たとへば卵から雛の出ることもスデルであつた。おもろの中などで我々に知られた、人間をスヂヤといふ語の如きも、弘く生を受けたる者の義で、即ち始め無きものに対立する名であり、シデ果報のシデも亦《また》、新たに生れたる幸福の喜びであらう」(『国語史のために』)。

というのである。シラがシダにあたる。シダはスデヤ、スデル、スヂャなどに通じてくるという。前述のように言語学的にはD音とR音が相互に通い合う発音であることを前提にして、ソダツ、ソダテルという脈絡の上に、シラ＝育つという解釈にいたっている。

ようするに沖縄では、産屋や出産にかかわる語としてシラが使われていた。本土では、以前これが育つと同様の意味であったことが推察されている。

もう一つ注目したいのは、スジという語である。本土では稲の種俵をスジダワラ、スジと表現する地域がみられた。このスジダワラの上に、正月には松を立てて年の神を祀る。そしてこれを貯蔵しておいて半分は播種に用い、残りは田植えの日に炊いて食物にしたという伝承がある。

正月における年の神の祭りは、神棚や年神棚、床の間の前などで行われているが、それがかりに柳田説のように、スジがスデル、スデュン、シダからシラに連なってくるならば、あるいは野外に置かれた稲積の前におけるキヨメの儀礼ではないかということになる。

このように稲の種子をスジとよぶことは、人間の血筋・家筋のスジとどうかかわっているのか、おそらく稲霊の再生と人間の誕生をともにシラとよぶことと、相通ずることになるのだろう。このような日本列島の思考は、いわば民俗思想の中核ともいえる存在といえるのである。

白比丘尼の長命

真白な巫女

「白山」の儀礼は、明らかに、人が死んでまたよみがえるという行為を、無意識のうちに儀礼化したものにほかならない。それはまた、ケガレとキヨメのくり返しを基本とするのである。ケガレを何度も何度もキヨメていくことは、シラという語が内包する意味とつながってくることを、これまでの民俗学の成果が説明してきた。

たとえば前述してきたように、稲霊をになった種子を保存する稲積を、沖縄ではかつてシラとよんでいたことや、シラがスデュン、スジという血筋や家筋にかかわる語と通底していること。さらに天皇家の大嘗祭の秘儀とみなされるマドコオブスマの形状が、花祭などのシラヤマに類似するという折口信夫の指摘などがあり、人間の霊が継承される装置にたいして、シラの表現が用いられていたことを知るのである。そこで次に興味深い事例をとり上げて、シラのもつ意味をさらに考えてみよう。

茨城県の鹿島《かしま》神宮に明治四年（一八七一）まで残存していたという「物忌」は、女性司祭者として位置づけられる高級巫女であった。ちょうどかつての伊勢神宮の斎宮、賀茂神社の斎院に相当するもので神功皇后の第一皇女であったという普雷女《アマクラノヒメ》が初代である。彼女は祭神タケミカズチを、出雲国の五十田狭《いたさ》の小汀《おはま》から移したときに供奉《ぐぶ》した巫女と説明されている。

神功皇后は、オキナガタラシヒメノミコトであり、神がかりする最高級の巫女であった。興味深いのは、初代の普雷女から数えて二六名の物忌が就任していたという事実である。そして物忌が廃止されるまで、じつに一五六九年間、普雷女が存在したことになる。

それは具体的には、歴代「普雷女」と称される家筋によって継承されてきた。永い時間継承されることによって、その家筋に一つの霊力が生じ、権威が成り立った。これはまた永遠不滅の生命力を表現するものであったろう。

昔真白な巫女がいたという伝説がある。白比丘尼《しらびくに》と称され、のちに八〇〇歳まで生きていたといわれたので、八百比丘尼《やおびくに》ともいった。文学の素材にもなっている。滝沢馬琴は『南総里見八犬伝』のなかで白比丘尼を狸の化けた妖婆のように描いている。各地を巡歴した白比丘尼のなかで、若狭出身を説く例が多い。白比丘尼は色白で年を経ても美しくて娘のようであったという。そのわけは、人魚の肉を食べてしまったためだというのが通説となっている。

ここに『日本伝説大系』第六巻にのせられている白比丘尼伝説をかかげてみよう。伝承地は富山県中新川《なかにいかわ》郡立山町である。

中新川郡立山町下田には昔、家が四軒しかなかった。そこに四郎兵衛《しろべえ》という人の家があった。あるお講の日に、村の者が寄って聴聞《ちょうもん》をすることになっていた。そのとき、お講で前立をつとめる女が私の家で宿をしたいから来てくれと頼んだので、村の者はその家へ聴聞に行くことになった。

女の家へ行くと、大へんな料理を出してくれて、皆楽しんで帰った。帰るときに、折詰をもらってきたが、四郎兵衛は、その折詰を戸棚の中へ入れて外出してしまった。留守中に四郎兵衛の娘が折詰をみつけて、これはうまいと皆食べてしまった。じつは、これが竜神の化身ともいわれる人魚の肉であったのである。そしてこの娘は、この肉を食べてから何年たっても年がいかない。村人の話では、この娘は何百年も生き永らえたということだった。いつまでも肌が白かったので、白比丘尼といわれていたという。

彼女は昼間外へ出るのがいやで、夜になると往来したので、村の者はほとんど顔も知らないということだった。ところがある晩、下男に顔をみられてしまってからは、村に居ることはできないとして、記念に村の白山社に一本杉をうえて、遠くへ立去ってしまったというのである。

白比丘尼は、それから若狭の国へ行って、八百比丘尼になったといわれる。今も、白比丘尼が往来した川を若狭川という。近くの高野町の神明社の老杉はこの白比丘尼がうえたものだと伝えている（前掲書、一三五〜一三六ページ）。

肌が白くて白比丘尼、人魚を食べて長寿となる。夜に出歩いて、昼間はだれにも姿を見せなかったが、白山社に杉を植えていったという点が印象的な伝説である。

上清《じょうせい》お虎

富山県黒部市園家は、昔園家千軒《せんげん》とよばれる港町で栄えていた。ところがある夜、町の物知り婆さんが星の異常を発見して、世界が滅びることを予言した。そこで人び

『南総里見八犬伝』にのせられた人魚の図。

とに「大津波が来るから早く逃げろ」と叫んで告げまわった。しかし町の人びとはそれを信じなかった。そしてその夜大津波が襲ってきて、千軒はすべて水中に没し、その後に大きな砂丘ができた。一人生き残った物知り老婆は、町を離れて漂泊の旅にでた。そして若狭にたどりついて、八〇〇歳まで生き永らえたという。

この老婆の別名を「上清お虎」ともいった。大津波が起きてから何百年か経たあと、園家の隣村高瀬村の人が、京都から若狭へまわり、お虎婆さんの所を訪ねた。老婆は村人たちに、自分は一日に串柿三個ずつ食べて生き永らえている。もうじき八〇〇歳になるが、それ以上は生きていることはできない。もし村の椿の花がポトリと落ちたならば、お虎は死んだと思ってほしいという意味のことを話した。

また次のような話も残っている。かつて園家に善称寺という寺があった。この寺のうしろには池があり、この池の底は竜宮に通じているといわれていた。ある時、寺に来客があり、上清お虎の夫にあたる者が接待役をつとめ、帰りに折詰めを貰った。これを家に持ち帰ったので、お虎はそれを食べて、年をとらず若々しくなり長生きをした。その折詰めのなかに人魚の肉がはいっていたためという。この上清の家は、今も残っており、屋号も「上清どん」といわれていたという（『とやま民俗』二〇号）。

物知りの老婆の別称は、「上清お虎」というものであるが、ここで注意されるのは、トラという名称である。柳田国男は、トラは古語であり、本来神がかりするという意味をもっていたことを指摘している。立山や白山に登ったというトウロの尼とか、大磯の虎御前のトラは、神話におけるオキナガタラシヒメのタラと同じである。すなわちトラは最高の巫女であった神功皇后にも通じていることになる。だから世の天変地異について予言する能力をもっていたのであろうか。お虎一人だけ生き延びていたのは永遠の生命をになっていたからであり、これがこの伝説の骨子となっている。つまり八〇〇歳という年月は永遠の時間の表徴なのである。

ところで前出の虎御前という名の女性も、伝説上よく知られた存在であった。相模国（神奈川県）大磯の宿の遊女で、曾我十郎の恋人であった。十郎が死んだあと、その菩提をとむらうために諸国を巡歴した女性である。『吾妻鏡』によると、建久四年（一一九三）六月一八日のこと、曾我兄弟の死をきいた彼女は、黒髪のまま黒衣の袈裟をつけて、大磯から箱根山に詣でたといわれる。

箱根駒ヶ岳周辺は、死霊のこもる場所とされており、賽の河原という地名があった。おそらく聖や比丘尼が死霊を鎮めるために集結した聖地の一つであり、虎御前は念仏比丘尼の一種であったことが推察されている。

それはともかく、巡歴の巫女であるお虎が、黒部市園家では、奇跡を起こす長命の女性の名称であり、白比丘尼の姿をとっていたのである。白比丘尼は永遠の生命をもっていることが前提であるけれど、その理由は人魚の肉を食べたからである。

人魚といえば、中国でも古く『山海経《せんがいきょう》』に、「人面而《にして》魚身」の妖怪として描かれ、『日本書紀』にも人魚らしき存在を記した記事がある。海辺でその姿をみた漁師たちは、それを異界のものとみたり、海神や水神の使者に見立てたのはごく自然だったと思われる。人魚そのものが永遠の生命をもっており、人魚の骨や人魚の油は、人間にとって妙薬だとする俗信もあった。

人魚と同様に、「ふけつの貝」とよばれる赤子のような形をした大きな貝があり、それを食べて不老不死になったと説く伝説も、東北日本に多く知られている。

ふけつの貝は、「九穴《くけつ》の貝」の転訛であり、九穴の貝とは鮑とされている。鮑には貝殻に九つの穴があいており、俚伝に、この貝を食べたり、貝殻で食事をすると長命になるというのである。野村純一は、人魚の肉云々のモチーフのベースは、この九穴の貝なる鮑ではなかったかと推察している。

この鮑をとるのは、海女たちである。野村は海女とのかかわりについて興味深い指摘を行っている。すなわち海女の潜水の鮑取り漁法においては、椿油がよく用いられていたことである。海中に潜る際に、彼女たちは保温のために椿油を身体に塗った。そして自分たちが潜る海面に椿油をまいたのである。これは海女たちの秘法であり、気仙沼市大島では、これをナギミとかナギフリミとよんだという。ひとたび椿油をまくと、海面はないでくるから、水中の透明度が高くなるという結果をもたらすのである。

椿とのかかわり

野村純一は、こうした海女と鮑と潜水漁法の椿油の効用などを考えて、白比丘尼と人魚とさらに椿のかかわりの相互関連性を示唆している（「椿は何故『春の木』か」『日本伝説大系』別巻I研究篇、一二二～五五ページ）。

長命の巫女が片手に椿の枝をかざしていたり、椿の名所の発端が、白比丘尼がかつてその土地に椿を植えたためだとする伝説は多い。もちろん椿以外に手植えの樹木はあったが、椿のもつロマンチックな面影が、この椿と白比丘尼を特異な筋書にしていることも事実であろう。

「椿も亦特別の樹木の一つとして、社に栽え家に移し、所謂園芸の先駆を為した上に、若狭の八百比丘尼の如き廻国《かいこく》の伝道者が、手に持つ花の枝も多くは椿であった」と『雪国の春』に柳田は記している。

野村は、こうした椿を実用に供したのは、椿の群生している海岸部の近くに生計を営んでいた海女たちであり、海女が海中からとりだす九穴の貝や、人魚のイメージをオーバーラップさせる媒介者とみている。

白比丘尼の軌跡はなかなかつかみにくい。しかしこの伝説の内容の多くは、若狭との関連を説くところに一つの特徴があった。「若狭」という表現自体に永遠の生命を主張するイメージが伴っているのかもしれない。

『若狭国風土記逸文《わかさのくにふどきいつぶん》』の記事の、「昔此の国に男女ありて夫婦と為り、共に長寿にして、人其の年齢を知らず、容貌の壮若《わか》きこと少年の如く、後、神と為る。今の一の宮の神是なり、因りて若狭の国と云ふ」といった地名伝説のなかにも、不老長寿のイメージが「若狭」にあてはめられていることが分かる。

若狭の国の小浜《おばま》（現在、福井県小浜市）にある空印寺は、とりわけ白比丘尼の拠点として入口に膾炙していた。「若狭国小浜の空印寺は八百比丘尼の住し所なり。則御影あり、傍に洞穴あり、其奥《そのおく》かぎりしらず。土人云、当寺五六世以前の住僧この穴に入てその奥をはかるに、三日を経て丹波の山中に出たると云えり。相伝うむかし女僧ありて此所に住む。齢八百歳にして其容貌十五六歳の壮美《そうび》なり。よって八百比丘尼と称す。里語に云、此女僧は人魚を食したるゆえに長寿なりと云り」(『諸国里人談』)といった記事、また『笈埃随筆《きゅうあいずいひつ》』巻之七には、「此山の麓に八百比丘尼の洞有《あり》。空印寺といふ寺に又社有り。八百比丘尼の尊像は、常に戸帳をひらく。花の帽子を著し、手に玉と蓮花ようの物を持たる座像なり」とある。

この八百比丘尼の座像がもつ花が椿であるといい伝えられていたのである。また空印寺の洞窟の入口には、「この椿の枯れない限り我は生きている」という由緒をもった椿の樹が植えられていたなど、いずれも若狭八百比丘尼の長寿伝説の情報が、この空印寺に集結しているのである。

尼の長命を物語るときの想像力は、江戸時代にはさまざまに表現されていた。たとえば、人魚の肉を食べてしまったあと、不死となる。すると女の夫をはじめ、一族の者たちすべてが死んでしまったあとも生き残っていることになる。七代目にあたる孫が老人となってもまだ生きている。

また、尼が年ごろになり縁づいて、夫とともに年老いてしまい、やがて夫は死んでしまう。すると尼はふたたび若返って美女になる。だから周りの者たちは奇異に思い、再婚の相手がいなくなってしまう。しかしよくしたもので、他国の若者に見初められて縁づいた。やがて老婆となったが、夫の死後ふたたび若返ってしまう。

女はそのことを恥じて、身を隠してしまい、行方不明となった。そして彼女は小浜の地にもどり、空印寺にはいったあと、山中の洞窟にて入定、自殺をとげたという。その時、尼は年齢八〇〇歳に達していたと語られていた。不老不死が現実には、決してすばらしいものではないのだとする合理的思考がそこには働いている。

小浜の空印寺。八百比丘尼の窟。

「白」のもたらすもの

象徴的な意味

八〇〇歳の尼は、全身真白だから、白尼とも称されていたという説もあった。高齢というので白色化したというのであろうが、それは単純に色白であり、白髪、白毛であることだけをさしているわけではない。ただ白い巫女のイメージはきわめて神秘的だったと思われる。

肌が雪のように白かったという特徴により白比丘尼は知られていたが、いっぽう彼女は白髪だったという説もある。それが老齢であることを示しているのではなかったことは、白髪翁《しらがみのおきな》にかんする伝説によって知ることができる。

白髪の老人が出現して天変地異を予言するという伝説は、たとえば白髪《しらが》水《みず》、白鬚《しらひげ》水の伝説によって有名である。たとえば延宝八年（一六八〇）七月の信濃川の洪水が起こる前日、白髪の老人が川上のほうから、「大水出《い》ず、用意せよ」と叫びながら、水面を飛ぶように走り去ったという。これを白髪水として各地に記憶に残る大洪水が語りつがれた。その老人は白鬚であるという所もある。老人の予言で村人は難を逃れることができたと語られている。

東国に分布する白鬚明神は、朝鮮系の神格だと説明されている縁起もあるが、いわば強力な異国神だったという説明以外に、異形の白鬚がシンボリックな存在だったことにも注意する必要があろう。白鬚も長命を意味したらしく、琵琶湖の主も白鬚明神とよばれていた。白鬚明神は琵琶湖が七度変じて蘆原と化したのを目前に見てきたほどの長寿の主であるといわれている。

京都の北野天神には、白太夫社が祀られている。白太夫とは一説に伊勢《いせ》内宮《ないくう》の御師《おし》であったといわれており、二見太夫とも称された。彼は歌占《うたうら》をもっぱらとする白髪の人だったという。白太夫は旅の途中で頓死したが、ふたたび現世へとよみがえってきた。その時、白髪になったと伝えている。

白髪とは冥土から帰ってきたしるしなのだという。この白髪翁の歌占が世の人びとに重んぜられたのは、白太夫の存在と呪歌に神秘的な言霊を認めたためであろう。柳田国男は謡曲「歌占《うたうら》」に注目しており、白髪の太夫によって行われる託宣が当時重要視されていた証拠だと指摘している（『女性と民間伝承』）。

若白髪は幸運のしるしだと考えるのが当時の民俗知識であった。これをさらに一歩深めると、白髪・白鬚の姿は凡人とは異なる霊力の持主であることの証でもあった。大洪水を予言する白髪の老人と白太夫とは、おそらく託宣をし、予言をすることによって人びとに崇拝されることで共通している。先の白髪水というのは、大洪水という共同体全体の危機に際して、異界から再生してきたと思われる異人の力ある存在に託言を仰いだ風習の存在を物語っている。

このように、「白」が肉体上に特別な痕跡を印したと思われる部分がしだいに象徴的な意味を持ったことを、上記の資料は示している。とりわけ身体の白色にみえる部分は皮膚の色、髪、鬚のところに示されており、それは不老長寿のシンボルであること、しかも再生の観念によってささえられていること、そして白い人は神託をすることにより、一般民衆から崇拝されており、やがて神化の過程をとることがわかるのである。

白拍子

ところで、白の名が冠せられている白拍子は、中世の舞や唱歌を芸とする女性たちで、遊び女としてよく知られている。そして彼女たち白拍子の名称は、本来その歌舞が伴奏なしの素拍子《しら》だったという解説もあるが、はたしてそれだけであったろうか。たとえば白拍子の舞う姿は、白い色の水干に、白い鞘巻の太刀をさした男舞なのである。さしずめ男装の麗人のスタイルである。

江戸時代の記録『理斎随筆《りさいずいひつ》』に、白拍子についての不思議な話がのせられている。江戸時代中期の話で、画家谷文晁にまつわるエピソードである。著名な絵師文晁のもとに、四〇歳ばかりの一人の比丘尼が訪れた。黒の羽二重の小袖でその下は白無垢を着ていた。そして文晁に自分を描いてくれと頼む。

とくに比丘尼は白拍子の舞を舞う姿を描いてくれとの注文だった。文晁は、その女はたぶん狂女だろうと思っていると、尼は泰然自若として恥ずかしがる様子もない。文晁は、白拍子は昔のことなので、その舞う有様は分からないから、一曲舞ってくれと頼んだ。すると尼は、舞ってもよいがずい分久しく舞っていないのでとことわりつつも一曲舞いはじめた。その歌声は妙音ですばらしく、とても狂女とは思えなかった。

しかし白拍子は江戸時代中期のころはすでに現実には存在していない。文晁はあるいは四国や九州にかつての遊び女が生き残っていたのではないかと感心しながらも、いっぽうでいぶかっている。江戸時代には白拍子はすでに現実にはありえないと思われていたのであった。何かこの女性が神がかった状況にいると想定されているらしい。女は自分が年久しく舞っていなかったとのべているのであり、長命のままの白拍子のイメージがそこにあるのかもしれない話の筋である。

『嬉遊笑覧《きゆうしょうらん》』五には、白拍子の名高い歌として、「秋のおもひ一こゑにてもかぞへばや月みることのつもる夜ごろを」があげられている。ここに「かぞへばや」とあるように、白拍子は数を数えるものとされた。つまり、「拍子」を数えながら舞うわけであるが、その拍子がいつまでもつづいていくところにシラ拍子の本来の意味があったのだろう。

『義経記《ぎけいき》』六に、「終日の狂言は、千年の命をのぶるなり、我れもうたひてあそばんとて、別の白拍子をかぞへける」というように、白拍子の舞は、数えられることにより、見物する人びとに霊的な力をおよぼしたのであった。そこで一日舞をみていると、長命になるという功徳も語られていたのである。

これも、「白」のもたらす影響の一つと想像される。「尼ある時、人に語りていへるやう、我むかしまのあたりに源平の盛衰にも遇《あ》ひたりしが、源義経のこの地を過ぎて東奥《とうおう》へ赴くを見たりき。これらの事を聞く人いと怪しみけるとぞ。これや唐土の神仙王母麻姑《まこ》などの類ひならんと云へり」(『提醒紀談』)という江戸中期の記事にも、白比丘尼の長命の実態に触れることがあり、白比丘尼にも白拍子にも、永遠の時間の観念が伴って説かれていることは明らかである。

長寿とか長命は不老不死に連なることが一目瞭然としている。だから現実の世界とはかけはなれた存在ということから、道教の神仙と結びつける知識も当然に生じていたのである。

室町時代中期文安六年(一四四九)五月二〇日ごろに、若狭の白比丘尼と称する二百余歳の比丘尼が京都にやってきたことが、『康富記《やすとみき》』に記載されていた。白比丘尼は、二条東洞院の北頬《きたつら》大地蔵堂にこもっていた。京の人びとは物珍しく思って、見物にやってくるので、見物代がとられている。古老は、昔から白比丘尼のことが語られていて、白髪だから白比丘尼とよばれたのだとのべている。

さらに別のうわさでは、この比丘尼は五〇歳くらいで、仲間が二〇人ほどいたとも記している。当時白比丘尼の評判は大変なものだったらしく、『康富記』のほかにも、『接綱卿記《せつつなきようき》』の文安六年六月の条のなかにも記されていた。そこでは、白比丘尼がわざわざ御所に参ったと記している。年は八〇〇歳といい、変化の物として警戒されていたらしい。「不吉事也《よからざることなり》」とも記されている。

東の方の未知の国から、上京した異形の白比丘尼なのであり、京都にしばらくとどまってのち若狭に帰っていったというのである。京都の人びとが見世物のようにあつかっていることはたしかだがいっぽうでは、この不思議な白比丘尼の霊力に人びとがあやかろうとしていたことは明らかであろう。

徳田和夫は、白比丘尼の伝説を素材にした文明一二年（一四八〇）の石井康長作『筆結《ひつけつ》の物語』をとり上げて、白比丘尼が地蔵堂で法華経の説法を行っていた有様から、彼女が熊野詣をして由良の寺で身につけた唱導の技能をもつ熊野比丘尼の一種ではなかろうかと推察している（「異形の勧進比丘尼」『日本歴史と芸能』第六巻、平凡社）。

熊野とシラ

八百比丘尼

比丘尼は、仏教では釈迦の叔母にあたる人で、摩耶夫人《まやぶにん》の妹で、女性としてはじめて出家したという故事がある。日本では聖徳太子のころ、百済より渡来した尼法信《ほうしん》がはじまりという。そうした比丘尼は中世には輩出しており、熊野詣をさかんに試み、熊野で修行して、各地を巡歴した比丘尼たちを一般に熊野比丘尼と名づけていた。

熊野比丘尼は、歌舞にたずさわり、人の吉凶を占う術にたけていた。呪歌をうたい、勧進する熊野比丘尼は巷によくみられる光景であった。とりわけ、熊野曼陀羅の絵が比丘尼によってさし示されている。それは地獄・極楽すべて六道の有様を描いた図柄で、熊野詣をする都の女房たちが、そうした熊野の地獄絵を前にして、熊野比丘尼の絵解きを受けているというのもふつうの光景なのである。

ただし熊野比丘尼が人口に膾炙するようになったのは、一六世紀にはいってからと思われている。この場合、熊野の絵の多くは、「熊野観心十界曼荼羅《かんしんじっかいまんだら》」とよばれており、人間の誕生から死にいたるまでの図像を示し、その周囲に極楽と地獄が描かれていた。前述した白比丘尼は、さきに熊野詣をしたことが記されているので、熊野比丘尼の一種であることが分かる。しかしさらに長寿であるという特徴があるので、熊野だけにまとめきれない要素が含まれているということもできる。

小浜市の空印寺とは別の伝説が類話としていろいろあるが、『拾椎雑話《しゅうついぞうわ》』巻二〇には、小浜の西方にある上代勢《じょうだいせい》という土地に、熊野山という山があり、そこにやはり八百比丘尼がいたと伝えている。そして熊野山は別称白椿山《しろつばきやま》といった。

ここに祀られている神明社には、今も八百比丘尼像が祀られており、また境内に八百姫神社があって、そこに二体の比丘尼像がある。白椿を手にしており、かつての八百比丘尼と称していた熊野系の比丘尼たちの存在をほうふつとさせている。

江戸時代中期につくられた『若州管内社寺由緒書《じゃくしゅうかんないしゃじゆいしょがき》』には、この神明社が「女伊勢《おんないせ》大神宮《だいじんぐう》」とよばれていたことを記している。明らかに比丘尼たちの集まる聖域だったのである。そして比丘尼たちは熊野とは別に伊勢詣もしていて、そこには伊勢比丘尼の流れもあったと思われる。

由緒によると、王孫にあたる姫宮が一七歳のおりに伊勢参宮をした。姫は大神宮の内陣に七日間お籠りをするうちに託宣をうけ、一二人の女を連れて、船にのり、この地にたどり着き、宮居を定めた。そこは熊野山の麓にあたっていた。姫はやがて妊娠し、熊野山に産所を求め、山中の岩上に一二人の子を生んだという。

この内容は熊野信仰に共通する王子信仰をともなっており、登場する女性たちが比丘尼とオーバーラップしているのであり、この地が比丘尼や女巡礼たちの参集する聖地として位置づけられていたことがわかる。そしてすぐとなりには、空印寺がある。両者の関連性はよく分からないが、遠方の人たちにとってみると、若狭の国小浜は、こうした情景から、八百比丘尼たちの拠点とみなされていたのだろう。

福島県耶麻《やま》郡塩川町にある金川寺にも、八百比丘尼が祀られているが、その縁起に曰く、「昔若狭国小浜より一人の老比丘尼来りて勝地を相し、この村の地頭石井丹波守に請て一宇を建立す」(『新編会津風土記』)とあり、小浜から巡歴した老比丘尼が、地域の支配者である地頭の庇護をうけて寺を建立し、ここに定着したと伝える。

こうした八百比丘尼が、きわ立った長命を保つことは神秘の力がなせるわざといえるのであり、すでにはるか北陸の小浜から訪れてくる比丘尼の存在が、東国の地域にまれびととして受容されていたことが分かる。

岐阜県加茂郡八百津《やおつ》町には比丘尼塚がある。この塚の上に樹齢六〇〇年以上と思われる椋の大樹がある。比丘尼塚のある所は、もと不二庵《ふじあん》という小さな庵があり、そこに如玄尼という比丘尼が住んでいたと伝えている。塚の上の板碑《いたび》には、「不二庵開基《かいき》如玄尼《にょげんに》之墓二月十五日」と記されている。

比丘尼の如玄尼は多くの弟子を養成したといわれ、法華経を講じた名比丘尼といってよかった。最後に比丘尼は塚の土室に入定したという。土室のなかで念仏三昧にふけっていたので、大晦日の晩には、塚のなかから鐘の音が聞こえてきたと伝えている。こうしたいい伝えは入定伝説として知られているが、依然土中で生きているかもしれないという期待がそこに寄せられているのである。毎年の時間があらたまる大晦日の夜に聞こえる鐘の音がそのことを象徴的に物語っていよう。

朝鮮の伝説

国内の各地を椿の花を手にしながら漂泊する歩き巫女のイメージが、白比丘尼、八百比丘尼には浮かんでいるが、彼女たちは共通して長寿であって、若狭の国小浜周辺に本拠があったという要素については、前述してきたようにあいまいのままである。しかし小浜は古くより日本海をへだてて朝鮮半島に結びつく要衝の地の一つであったことから、当然国境をこえた領域に共通するイメージがあるかもしれないと想像する。

その事例の一つが、平壌《ピョンヤン》市で採集された子授け祈願にまつわる伝説である。

一人の漁師がある日、大同江で漁をしているとき、水中より美女が出現し、竜宮へ連れて行かれる。一日、姫と遊び、帰り際に、一〇〇〇年の間若々しく生きることのできるという土産をもらった。それは朝鮮人参にそっくりの形をした人魚であった。それを漁師の娘浪玕《ろうかん》が食べてしまい二〇歳のままの若さで生きつづけることになる。

浪玕が五〇歳になったとき両親と死別、そして一〇〇歳になっても結婚の相手がなく、一〇一歳になって、ついに男を得て子を授かりたいと念じて放浪の旅に出た。しかし一〇〇年の間、旅の間に性交を重ねながら、ついに欲しい子どもにめぐまれなかった。

そこでとうとうあきらめて故郷にもどり、庵を結び、祈願塔をたててひたすら子授けを願って、また一〇〇年を経たが、子どもはできなかった。浪玕はすべてをあきらめ、里の背後にある牡丹峰に登ったまま、二度と姿を現わさなかったという。そのとき彼女は三〇〇歳であった、と伝えている。

この話をみると、ただちに日本の八百比丘尼、白比丘尼を比較するだろう。平壌の浪奸のように、子授けを祈願したということは、日本の伝説には語られていない。しかし旅の遍歴を重ねて、ついに定住し、山中に入定したらしいということで長寿の継続をなお予想しているというモチーフは同じである。

女性にとって、永遠に若く美しくありたいということのもつ意味はいかなるものであるのか、という教訓的な要素が朝鮮の伝説にはみられるが、日本にはそれほどのことはなく、むしろ神秘のヴェールのかなたにおしこめている傾向がある。

ところで朝鮮と日本に共通しているモチーフを比較して、若狭小浜辺りに、朝鮮半島から流伝したのではないかという説も成り立っている（松田博公「八百比丘尼の足跡」『民族学研究』四三巻三号）。というのは、長寿のモチーフは、中国の道教にルーツがあり、それがとりわけ女性と結びついているのは、霊力ある巫女たちの超能力とかかわるためではなかったかと想像されるからである。

日本海を渡来してきた集団は、古代若狭にも顕著であり、とくに秦氏系統の人びとの存在が、比丘尼のルーツを探る上で重要であると思われる。その点を前掲松田論文も示唆しており、若狭に秦氏が定住していた痕跡を示し、道教的色彩の濃い八百比丘尼の性格の一端を説明している。したがって日本的な特徴というならば、くり返すように「シラ」の点に絞られてくるのである。

生まれ清まり

シラ山行事

前述のように柳田国男は、刈りとった稲を積み重ねた稲積が、すなわち「稲の産屋」であったという仮説を提示したのであるが、その一つの根拠となったのは、沖縄八重山諸島におけるシラという語の使用例のうちで、稲積のことをシラといい、いっぽう人間誕生のときに用いられる産屋もシラとよぶという一致に注目したからにほかならなかった。この考えの基底には、稲霊が稲積のなかで生まれ代わるように、人間も産屋のなかで生まれ代わっているという共通性を認めていたからといえる。

柳田説で重要な点は、沖縄八重山のシラを一つのヒントにして、同様な事例が本土にも分布しているにちがいないと推察したことであり、それはシラの用法や白山信仰などにうかがえるほか、出産の忌みをあらわすシラ不浄の語がこれも本土にも分布していること。また稲種子をスジとよんでおり、種子をつつみこんだスジ俵が正月に飾られている事例などがあげられていた。

稲積の施設としてシラをみるならば、本土においては高倉とよばれる稲穂の収納施設の存在が注目される。高倉はシラの機能をもった新しい建築物であり、シラが発展して高倉となったのだとする学説もあるくらいに、両者は関連している。

しかし他方、高倉が乾燥した状態の稲穂や籾をたくわえる目的でつくられたものであり、それは稲穂の穂首から切りとった形のものを貯蔵するわけだから、根っこから刈りとった稲穂をたくわえるシラとは、はじめから目的がちがっているのではないかという批判点もある。

シラは、根刈りした稲束を積み重ねるが、シラの上部に翌年の種子となる籾を保存していることも特徴的である。本山桂川『与那国島図誌』に、四本の石柱を立て、その上にわらぶきの屋根をおおうシラが描かれ、このシラの上部に種子取りの日に白い米飯が供えられるという行事があったことはすでにのべてきた。

この行事はまた石垣島にも発見されている。興味深いのは種子取りの第一日目に紅白のにぎり飯をシラの頂部に置くということであった。これを鷹がもってきたイバツ

（飯初）と称しており、その形はシラを模したものなのであり、豊穣のシンボルとみなされていた。こうしたことから想像すると、シラは稲種子を保存する施設であるが、本来的には、稲霊を生み出すための祭場として位置づけられてくるのである。

柳田国男はさらに、稲のシラは、今では沖縄本島以北の稲作地帯では使わなくなっているけれど、人間の産屋をシラとよぶよび方は依然として生きているといい、たとえば妊婦をシラピトウ、産婦をワカジラアとよぶ例をあげている。そして本土でも産屋をシラといったと思われるとしており、それが残存している事例として、産屋の穢れをシラフジョウとよぶ例をあげている。これを白不浄というのは、ことばの上でたんに赤不浄、黒不浄と対比させているからであり、本来は白色の白ではなく、シラにもとづくものであり、元の意味が忘れられてしまったのであろうと想像している。

そしてもう一つ注目されたのが、前述した愛知県北設楽郡の山村に残る神楽のなかにあるシラ山だった。これが臨時の大きな仮山の施設であり、その中に人がはいることを「胎内くぐり」とよび、その行為を経ることを前述のように「生まれ清まり」と称していた。シラ山は山岳信仰の一種であるとみなされているが、とりわけシラ山と名づけられた点が、「埋れたる古い意味」があるのではないかと思われたのである。

その後この霜月神楽についての研究はすすめられてきており、安政三年（一八五六）以後行われなくなっているけれども、その再現によって、シラの原義が明らかにされることが期待されているのである。

くり返すようにシラ山は「白山」と表現されている方形の建物であり、その周囲に白色の木綿を引きまわしている。内部は常緑樹の小枝で飾り、枝々に白紙の幣を吊るしていた。だから白山は内も外も真白に見える山なのである。

この白山には修験道の影響が認められており、前述のように擬死再生儀礼が神楽として演じられているという五来重の学説があった。つまり、六一歳になった者が、白山にはいることにより、ふたたび生まれ清まって神子になったというプロットがここに見られるということになる。

「生まれ清まり」という表現は、この世に生をうけた人間が、いく度も生まれ清まりながら、生をまっとうしていくという人生観であり、おそらくこれは人類共通のものの考え方であろうけれど、日本の民俗文化のなかにそれが横たわっているのであり、右のシラ山行事はそれを具体的に説明しているのであった。

生をまっとうするために

前述の浄土入りが、シラ山にはいることを示していたが、そのほかにも同じ北設楽郡富山村の熊野神社の御神楽に備わっている「生まれ清まり」は、熊野権現に立願《りつがん》してこの世に生まれた子どもが、熊野の神の加護を願って行うものである。とくに流行病がはやったり、女性の場合は、安産を願って行うという。願主になる者は白衣に身を包み、神前に座り、禰宜《ねぎ》による祓いをうけるが、その折うたわれる神歌の唱句の一節に、「人の子は産も育つも知らねども今こそなるよ神の子」とある。白山行事の浄土入りの際にも、白山から出てくる老人の姿は、神の子に生まれて出てきたという認識があったのであり、「生まれ清まり」の心意が、「今こそなるよ神の子」にあったことが類推されるのである。

富山村では、一三歳の子が願をはたすという点に一つの意義を認めていたが、これは成人にたっした折り目にあたるのであり、誕生したあと、成人にたっすることがすなわち「生まれ清まり」のステップに相当していることを示している。

また禰宜がキヨメのために振る笹の湯は、ふっとうしている釜の湯であり、神前に置かれた湯笹に用いる釜湯は、産湯を表わしていることになる。

神子《かんご》として生まれ清まった証しとして、たとえばその子の呼び名が変わったという事例もある（渡辺伸夫「『生まれ清まり』の儀礼と歌謡」『神楽——歴史民俗学論集一』名著出版所収、二〇七ページ、一九九〇年）。

この場合、神主が命名しており、男の場合は「ゴウリキ」（強力）、女の場合は「リキ」（力）と名づけられるケースが多かったという。ともに力の表現があったことが注意されよう。神子は一般にゴウチャンとよばれ、村中でそれが通り名となっていた。女の場合もリキとかオリキになっていた。神子になると、他の人びととちがった呼び名で区別されていたことになる。そこにはある種の力を予想していたことになるのだろう。

岩手県下閉伊《しもへい》郡岩泉町袰綿《ほろわた》という所に、「身固め」と称する獅子舞が残っている。獅子の幕を使って、病気の子にかぶせたり、その子の着物をかませたりする所作がある。その折の神歌には、やはり「神の子」のことをうたい、身固めを行うことによって、「千歳《せんざい》の命」のつづくことを願っている。

神の子になるためには、獅子の幕にくるまって「胎内くぐり」を経ることを前提としている。胎内くぐりによって生まれ清まることになり、その結果神の子となって、千歳の命を得たいという願いが表現されている。身固めは、身体に健康な気が固まるという呪いであり、この場合修験の影響による生まれ清まりが表現されているといえるのである（前記渡辺伸夫論文）。

渡辺のいうように、「生まれ清まり」は、特定の地域だけに伝承された信仰ではなく、その根底にある思想は、列島各地の共通心意として認められるものだろう。たしかに、病弱な子にたいして、特別に神の加護を得ようとする「取り子」の習俗とか、子どもの病気平癒の祈願などには、悪病をとり去って、健康になることをひたすら願かけする心意がうかがえるのであり、神子となって「生まれ清まる」ということが、その到達点なのかもしれない。それは子どもだけでなく、人生を通じて何回かめぐりあう折り目であったのである。

生まれ清まる行為が、神楽というパフォーマンスを基調として存在していることは、民間神楽の演目として表われていることからも明らかである。そして白山行事によみがえりの心意が認められることは、すでにくり返すように明確な点であった。

ここでふたたび立ちもどって、例の稲置場と人間の産屋をともにシラとよんでいた事実を考えてみることが必要であろう。

そしてこの場合、「この種神の信仰と人間の血筋家筋の考へ方」が同時併行していたという柳田説は、明らかに「生まれ清まり」の思想とつながってくるものであろう。シラが永遠不滅に連なり「生まれ清まり」の思想がその媒介項として機能していることが、シロやシラとよばれる民俗を支えていたのである。

Ⅳ　現代民俗学の可能性

「世の終わり」のフォークロア

都市が生みだした玩具

民俗社会のなかから「生まれ清まり」の要素が抽出できることについて、前節でのべてきた。なぜこのような「生まれ清まり」が求められているのであろうか。民俗社会においては二つの契機があった。

一つは、個人の人生経験のプロセスでの危機的な状況に直面したこと。たとえば出産、成人、結婚、死といった四つの折り目にさいして、「生まれ清まり」の確認がどうしても必要になっていたことである。

二つは、家とかムラの共同体レヴェルにおいて危機的状況が到来したと思われ、その危機を回避する営みが必要になったこと。この二つの契機は、多かれ少なかれ民俗儀礼としての生まれ清まりを具現化するための「白山」の装置においてあらわにされていたことをのべてきた。

しかし現代社会においては、この「白山」の装置もすでに文化財的な意味しかもたなくなっていることも一つの現実である。とりわけ現代の都市社会そのものの構図のなかに、現実にたいする喪失感が強くみなぎっているといえよう。

ものすべてがコピー化した現象や、人間同士のアイデンティティーの喪失を訴える風潮は、二〇世紀の終焉をまえに、より表面化している傾向がある。だから現実をオリジナルなものと確認したいとする気運があり、たとえば「民俗」の再確認がたんなる懐古趣味をこえて求められてきたといえるのではなかろうか。

都市民俗の概念についてはまだはっきりしていないが、世相に表れた表面的な風俗現象の根っこの部分によどんでいる文化的意味の存在をつかむことが、一つの課題となっていることは明らかだろう。

たとえば最近の都会の若者たちのあいだで「共感玩具」なるものが流行している。人が話しかけたり音を聞かせたりすると、踊りだすという「フラワーロック」とか、頭をたたくと、手に持った旗をふるダルマの「勝造」という玩具もある。

こうした玩具は、都会の孤独な若者たちが、自分の個室にとじこもって遊ぶ相手になっているという。中、高校生たちが一人遊びをするのは、いずれも学校の放課後、すぐ自宅に直行し、個室にとじこもってしまうところからきている。以前は、放課後、仲間同士、集団となって遊びまわり、帰宅が遅くなって親を困らせていたのであるが、今は仲間集団をつくることはせず、もっぱら一人遊びに終始する。

それより以前には、若いOLたちのあいだで、人形遊びが流行していた。それは物言う人形で名前がついており、仕事から帰った若い女性が、一人アパートの個室でおしゃべり人形と話をし合うという。

共感玩具の存在は、人間同士がすでに共感しえなくなっている状況をものがたっているのである。都市が必然的に生みだしてきた玩具であるだけに、その背後にひそんでいる部分をとり出してみたいものである。

新・新宗教

また顕著な都市民俗として、仏滅の日に結婚式をあげないとか、初詣でに神社に参拝し、安産や交通安全の祈願をする若者たちがきわめて多くなっていることもある。死後この世に死霊が残っていると感ずる若者が約五〇パーセントを占めているといわれている。

お守りを身につけ、占いを毎日かならず行い、超能力の存在を信ずるオカルティズムが強調されていることは、近年の若者の世相の上の大きな話題となっていた。ともに近代の合理性に批判的であること、脱近代を目指していることなどが共通して認識されている。

いっぽう、都市は人工的な照明が充満しているから、星の輝きをみることができなくなった。それはとりもなおさず、自然が遠のいてしまったことを意味している。自然がないことは、人工のコピー化された自然が幅をきかせることになる。かつて闇を徘徊していた妖怪たちの居場所がなくなってしまった。人面犬や人面魚のような、なかば人工的な妖怪のうわさが表面化したのも近年の特徴であり、都市のフォークロアということができる。

前述したように、人面犬さらに人面魚の存在が下火になったころに、人面木がうわさになりだした。この人面木にたいする熱狂的信仰の基底には、伝統的なフォークロアとして、樹木の霊が人間にたいして呼びかけを行うというモチーフが指摘されるだろう。

たとえば、乳母桜の伝説のように、木霊が本性の姿となってこの世に現れてくることが民俗信仰の基本となっている事例が知られる。また「木霊の聟入り」のように、若者が樹木に抱きついたまま気を失っていたことからその樹木が若い女性に仮託されるというケースもある。古い樹木の精霊に魅入られた話として共通化しているのである。

こうした人面木の類のフォークロアに注意してみただけでも、草木虫魚のアニミズムの世界がベースを占めていることが推察されようし、「人面」の表現をわざわざ冠しているのは、憑依というシャーマニズム的要素をうかがわしめる点でもある。このことと、先のオカルティズムの状況とはやはり現代社会に表出している共通現象といえるのである。

近年の日本の宗教社会を説明する概念の一つに「新・新宗教」があり、これは現実に「世の終わり」を身近に認識しだしたセクトが、共有する終末論的教理をさかんに高揚させている現象に示されている。オカルティズムはそのこととうらはらにあり、無名の神仏をやたらに妖怪化させて、うわさとしてマスメディアを媒介にして広まっていく風俗現象となっている。

「不可思議」な心意

不可思議な民衆心理

かつて柳田国男は『石神問答』のなかで、「不可思議な現象」として、やたらに神仏が流行することについて一つの問題提起を行っていた。日本史のなかで流行する神仏として、まずとり上げられるべきは「志多羅神《しだら》」であり、「其《その》日本への渡来は頗る奇怪なる形式に由《よ》り居り候」という。

文献の上では『本朝世紀』天慶八年（九四五）八月三日のことで、「宇佐八幡大菩薩の神輿」と称して摂津国から山崎を経て、男山の八幡宮領目指して大群衆が京にはいった。そのときのありさまは、「神輿を囲繞《いにょう》して歌ひつ舞ひつ大騒なりしこと」そのときの大群衆のうたった歌の章句は、「月笠着る八幡種蒔く　いざ我等は　荒田《あらた》開きて　しだら打てと　神は宣《のたま》ふ云々《うんぬん》」というものであり、このうち「しだら打て」が

「設楽神《しだら》」の名称の起源となったという。

さらにこうした熱狂的で歌舞音曲のともなう祭りは、ほかに京の今宮社のやすらい花、すなわち鎮花祭などがあり、祭神はいずれも疫神《えきじん》である。これら疫神は、鎮西より京都目がけて群舞のうちに持ち運ばれてきた異国神、あるいは外来神なのであり、これにシダラの名称がつけられた。

応徳二年（一〇八五）七月に渡来したのが「福徳神」である。この神は七月一日より東西二京の条ごとに社祠がつくられ、鳥居に額がうたれて、そこに「福徳神」と記されていた。『百練抄』には、「洛中上下の群衆盃酌算無し　破却すべきの由検非違使《よしけびいし》に仰せらる淫祀《いんし》格制あるが為の故也」とあって、福徳神の盛況にたいして、官より規制が働いていたことを示している。

この神は、のちに流行が止んだあと「福大明神」「福権現」の小祠として残存した。ご神体は狐だから稲荷に相当し、辻ごとに祀られる境の神でもあった。こうした熱狂的な信仰を集める神々の存在は無視できないが、注意されることはそのルーツが異国からの外来神であったという点である。

たとえば牛頭《ごず》天王《てんのう》や八王子信仰などがそうである。修験道や陰陽道しかりで、役小《えんのお》角《づぬ》、安倍晴明などの宗教者たちの名前もあげられている。さらに柳田は次のようにいっている。

「現代民間の習俗行事に道教の信仰を基礎とするもの甚だ多きを以て卜するに足り候若し此徒をして神仏二道に習合すること無く　独立して吉凶禍福を説かしめば　二十世紀の日本も或は又亜細亜の諸地方と同じく滔々として巫覡《ふげき》歌舞の国なりしかも知れず候近世の流行神鍬神の如きは　本源伊勢に在りと申し候へども　其蔓延の極盛時《きょくせいじ》に当りては　鉦鼓雑揉《しょうこざつじゅう》正に一千年前の修多羅神福徳仏の流行　さては大昔の常世の神の狂態に伯仲せしやうに候　御蔭参りと云ひ御祓《おはらえ》の降りたる騒と云ひ　老人今も之を談ずる者少なからず　多数民衆の心理には究竟不可思議の四字を以て答へざる能はざる現象比々として多く候（下略）」（『石神問答』）

すなわち現代においても多数みられる神仏流行の現象の文化的背景には、歌舞音曲にともないつつ熱中した不可思議な民衆心理が働いているというのであり、その系譜をたどれば遠く古神道の世界に連なっていくのである。

アストンの「神道」研究

イギリスの日本研究者アストンは、明治の日本に滞在し、日本の古神道のあり方に注目した。明治時代末に柳田との交流もあり、先の『石神問答』の一冊も柳田に奉呈されている。アストンは、日本の神道が神学的には未発達であるが、それが民間伝承として生きつづけ、潜在的に民衆のあいだに継承されていくことをのべている。

この指摘は、国家神道に変身していった神社神道の流れよりも、民俗神道に位置づけられる不可思議な雑神のほうに注目した考えであり、派生的に「呪術、占い、霊威」などの民間信仰独自の世界を、神道としてとらえることに連なっていくのである。たとえば境の神であるサエノカミについて、これをアストンは「男根の神」と定義して、「日本では男根は、二つの異なった原理を象徴している」とする。

「第一にそれは、発生的な力が、生殖力を示していて、神話と慣習によって、この力があることが承認されている。それは自然に変化して、たくましい動物の生活とか、死と病気の敵というもっと抽象的な概念の象徴になった。これから男根は、呪術的、予防的な道具として使われるようになった（中略）神道は、この後者の原理のほうがもっと重要である。それはサエノカミという名前で具象化されているが、これは『防

ぐ神』という意味である」（アストン『神道』一七三ページ）

当時、日本の生殖器崇拝にたいして、性神よりもこれが「防禦」の呪術を前提にした性格のあることを指摘しているのはアストンの卓見といえよう。彼はサエノカミに擬せられた男根が、性本能を刺激させる力というよりも、性本能を拘束するところに意味を求める思考が働いて、性神を人眼につかない場所に移動させる状況となったため、「男根崇拝は、究極的には、公的な神道から消えて行った」とみている。しかし、それでもなお庶民の習俗のなかに、性神＝サエノカミは残っていて消滅しないことを指摘し、現在に生きた機能をもつ小さな神々を「神道」としてとらえようとした。

たとえば、「現代日本における新年の慣習の多くは、『神道』よりむしろ通俗的な呪術の分野に属している。とはいえ、それについて一般的な説明をここですることは不適切ではない」とあるように、いわゆる初詣のような民俗行事の慣習を、神道の枠組みの内側にとらえていたのである。これはいわゆる「民俗神道」を主張する民俗宗教論の立場に通じるものといえるし、現在の宗教社会をとらえる視点としても生きているといえよう。

流行神と祀り棄て

人神の観念

日本のさまざまな神観念のうちで、とりわけ注目すべきものは、人神の観念である。堀一郎は神観念のうちで「人神型」を設定したが、この人神というのは、特別の霊威をもった人霊（人間の精霊）が、シャーマンなどの特定の人格に憑依して、その意志を伝達する。たとえば戦死、不慮の死、その他の異常死にあった死霊が、シャーマン的人格を通して、恨みや祟りを表白することによって、神化するという系統に属する信仰様式をさすのである。

この人神は、いっぽうに氏神を対極として位置づけているから、氏神のように地域社会に属する安定した秩序を背景とした神社神道の枠組のなかにはいりがたいところはある。しかし一般論として、人神と氏神とは両者が一体化しており、区別ができない。ただ民間信仰の中核に、この人神を中心とした神観念が抽出できるのであり、流行神も人神の系譜をうけていることも明らかである。

それでは「人神」の決定的因子は何かというと、まず注目されるのは「人霊」という霊威の発現である。私たちはカミと表現するほかに、タマとかモノということばを知っている。タマは和魂《にぎみたま》と荒魂《あらみたま》とに類別されている。そして荒魂のほうにより霊威の強い発現が感じられている。

モノについては、モノノケというように威力のある神秘的な力を表現する霊が存在する。総じてタマやモノが浮遊性、あるいは移動性を帯びていて、それらが憑依する対象は、カミへ昇華した場合、それが「人神」として威力を発揮するものと理解される。

そうすると、一時的に人神となる現象は当然ありうるわけで、たとえば依り代としてのお稚児さん、あるいは神霊を憑依させた巫女や行者が託宣をのべたり、予言することにより、一時的な人神としてあがめられるケースが成立するだろう。

人が死んだあと、その人霊の居所が定まらないで浮遊していると、いわゆる無縁とか幽霊となり、この世に出現してくる。とくに生前不遇であったり、憤死した人の霊は、死後悪霊と化して、人びとにさまざまな災厄をあたえるという御霊信仰については、これをベースにした人神に擬する考えは従来もなされてきた。

人神型のさまざまな神には、「祀り棄て」という行為がともなっている。「祀り棄て」は「祀り上げ」にたいするものである。はじめ神として丁重に祀り上げたあと、不必要となって祀らなくなってしまうのである。一般に氏神は「祀り上げ」が中心であり、「祀り棄て」はないといえる。氏神は祭りのさいに氏子によって大切に祀られている守護霊なのであり、毎年丁重に祀り上げられている。

いっぽう人神は、一時的に熱狂的に祀り上げられるが、ある時間の経過があってから、人神の機能が祀り手によって不要とみなされる段階ではあっさりと放置されてしまうのである。つまりその霊威が失われたことになるのである。

流行神

この「祀り棄て」を端的に説明する民俗神道として、流行神がある。流行神は急速に人気を集め、信者が群参するけれど、ある期間を過ぎると、パッタリと参詣人が途絶え、そのまま社祠が放置されてしまうという状況をさしている。江戸時代にこれを

「時花神」とも記しているが、花が咲いてパッと散ってしまうことを表現していておもしろい。神道のもつ多神教的性格や神々の多彩な機能を論ずるさいに、この流行神の問題をぬきにしては語れないのである。

流行神の一例を次に示そう。江戸時代にはしばしば麻疹が流行し、それに合わせて霊験あらたかな稲荷がおこっている。

駿府（静岡市）の話で、源助という貧しい百姓の家の屋敷神となった稲荷がある。源助の女房の吉に夢想があり、彼女の心願が叶ったというわけで、夫婦で一緒に祀っていたが、どういう因縁なのか駿府城代北条安房守が、毎月午《うま》の日にかならずこの家に代参を遣わすようになったというのである。その真偽のほどは不明だが、このうわさが広まり、参詣人が増えてきて、とうとう北条家では新規に社殿を造営したので、百姓の家の一小祠が社殿を構えるようになってしまったのであった。

「源助は極貧の者にて居宅も甚狭く、家には畳もなく筵を敷居《しきお》り、耕作なしては穢たる物をも取扱ゆへ恐ありとて、今は作もせず社人の如く成居《なりお》れり」（『享和雑記《きょうわざつき》』）と記されている。「麻疹普《あまね》く世に行れて稲荷の利生《りしょう》日々に其名高し」といわれたように、庶民のあいだでの流行神が流行するには、まず厄除けが基本となり、病気治しの神仏となって、屋敷神の小祠が新規の社殿としてみとめられていくのである。

次に、茨城県稲敷郡桜川村（現、稲敷市）に今も鎮座している大杉《おおすぎ》明神が、江戸時代なかばごろ大流行した事実がある。大杉さまとかアンバ様の名称で知られており、当初は古い樹木崇拝によっていたのである。

大杉明神の縁起によると、享保一二年（一七二七）六月に、「此年当村不及《もうすにおよばず》中洛中洛外共大杉祭礼大に行れ今の囃子之如し」となったという。その霊験は「諸の異病遁る、事全此神の霊現守護によってなり」というように「諸の異病」を払うためであったことがわかる。ついで宝暦三年（一七五三）今度は麻疹がはやりだしたのにともない、それを除く力を大杉明神が発揮したという。

安永二年（一七七三）には、疱瘡が大流行し、死者が増加した。その折、大杉明神の祭礼が行われ、「神徳によって村内悉《ことごとく》安穏也」となった。その後文化二年（一八〇五）江戸深川八幡で大杉明神の開帳があり、その神霊をのせた神輿が江戸に運ばれた。「障礙魔《しょうげま》神疫鬼《しんえきき》諸之悪神数千万里之外へ引退係る尊き御威神《ごいしん》」というように諸々の疫病神を江戸市域の外に退散させる力があったと説かれている。

そのさいに大杉囃子のにぎやかなおはやしが有名であった。また大杉の神霊をかたどった神面が呪具として用いられていた。それは天狗面である。『大杉神社文書類』には、次のような古老の話が伝えられている。

「天狗藤助《とうすけ》」のあだ名をもつ若者がいて、江戸の別当寺安穏寺《あんのんじ》より、造花一対を大杉明神まで一人で運んでしまった奇蹟を記している。江戸と桜川村阿波までは約二〇里あって、ふつうは馬・川船・山駕籠を使ってはるばる運ぶのである。それをたった一人の男が簡単に運べるものではない。しかし天狗藤助は、天狗の超能力をかりて、その奇蹟をなしとげたということになる。

このような大杉明神の奇瑞《きずい》がまことしやかに語られだしたのは、前出享保一二年のことであった。三月一日の夜、光り物が東から西へとび、瞬間雷鳴がとどろいたという。『月堂見聞集《げつどうけんもんしゅ》』によると、「神木の松の大木なる枝折れ申候、其松の木の枝に白き御幣有《これあり》レ之」と語られている。

その直後江戸の各町内より「二反幟《にたんのぼり》三反幟、五反七反幟或は大杉青木の神木の大木、大鳥居、大錫杖、或は鉄棒抔《など》拵候、太刀を屋台にかむり、神田明神祭同前に練り渡候(下略)」という仰々しい屋台と練り行列が、大杉囃子とともに出現した。

興味深いことは、練りにともなって、踊歌があり、その文句に「安葉大杉大明神、

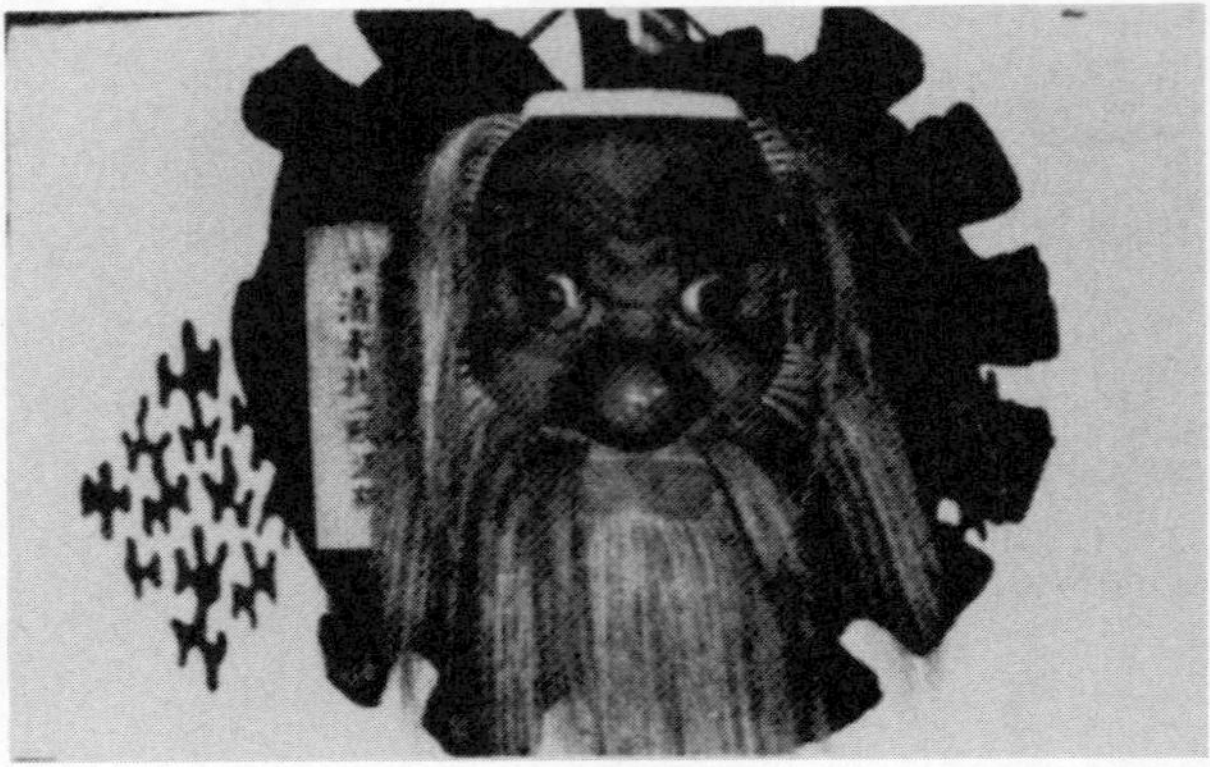

大杉神社の天狗面。

悪魔払ふてよいさ世がよいさ、よいさよいさ」とあることである。災厄をもたらす「悪魔」を払って世が良くなる、つまり「世直し」の意識がそこに秘められていたことになろう。

神面をうけ、お祓いをして、悪霊を払っていく。そのさい笛、太鼓などの大杉囃子があることがその信仰圏を形成するのに効果的であったのである。群衆の心理には、大杉明神が流行神化するさいのパフォーマンスとしてお囃子が大きな刺激をあたえていたことも明らかであり、それは都市の流行神の一つの特色といえるであろう。

祀り棄て

江戸時代中ごろ、若狭国小浜は、地方の小都市の一つであったが、その世相を記した『拾椎雑話《しゅうついぞうわ》』のなかに、流行神仏についての興味深い記事がある。

当時より一〇〇年以前にまず小浜の人びとは、薬師仏を信仰して参詣人が多かった。その後観音詣がさかんとなり、薬師参りは衰えた。次に七面明神がさかんとなり、約四〇年前くらいまで流行していた。その後大和の吉野大峯山の山上参りがさかんとなって小浜の地に行者講がつくられた。

山上参りは修験道の信仰であったが、それも衰えてしまい、つづいて仁王信仰、さらに日蓮上人の祖師信仰、元三大師が信者を集めるいっぽうで、金毘羅信仰が急上昇してきた。そして「遠州秋葉山へ参詣有、今にて薬師、観音のはやること云出す人なし」という状況となっている。

つまり、薬師、観音、七面明神、吉野大峯山、仁王、日蓮、元三、金毘羅、秋葉信仰と、約一〇〇年間のあいだに、ハヤリスタリがつづいてくり返しおこっていたというのである。

このような流行神の特徴は「祀り棄て」にある。当初爆発的に祀り上げられていく上で、客観的要因があることが予想される。その最大要因となっているのは、都市の日常生活を脅かしている病気や災害であろう。江戸時代には疱瘡、発疹などが代表的な事例であり、そうした伝染病をもたらす存在は、疫病神とみなされた。これら伝染病は、都市生活のなかに発生しやすいのであり、あっという間に蔓延する。疫病神は悪神とみなされており、これを鎮めるために霊験あらたかな神仏がつねに迎え祀られてくる。

原因不明の熱病が江戸に流行していた文化二年（一八〇五）五月初旬、川崎鶴見川に「おこつ」とよばれる流行神が出現した。川端に一つの塚がつくられ、卒塔婆がたてられていて、江戸の近在から続々と参詣人が増加している。塚の前には、線香や供物がならべられており、病気以外でも願をかけて叶わぬものはないと喧伝されていた。「おこつ」というのは、鶴見川の川浚《かわざら》いをした折に、おびただしい人骨が四斗樽《よんとだる》に五つも出てきたので、そこに塚を築いて祀ったというのである。川辺に無縁仏を祀ったことになる。その後浅草田圃にある日蓮宗幸就寺《こうしゆうじ》が介在して、この寺に人骨を改葬して、新たに塚を設けた。引きつづいて参詣人は、幸就寺のほうに集まってきて、流行していた。六月一七日に改葬したので、縁日は月の一七日と定められたという。

明らかにこの流行神には、背後で操っている日蓮宗寺院があるわけで、正体不明の人骨を「お骨様」と称して神化させたのである。遺骨がそのまま放置されていると、その周囲に怨霊がともなっていて疫病をもたらすことになり、それを鎮め祀ることにより、逆に霊験が高まってくる。怨み、祟りを転じて守護霊にするという思考がここにみとめられよう。

病気のような個人次元の災厄を排除するために、神仏が流行することは江戸の流行神の多くの事例からうかがえるが、悪魔を払って世の中が良くなるという心意は、そうした個人的災厄が積み重なり集積していくと、世界全体が危機におよぶという認識がこめられているからにほかならない。

したがって流行神の背後には、つねに社会不安が横たわっていて、「世直し」の意識とうらはらであるという考え方もある。たとえば年中行事化した農耕祭や季節祭は、時間を更新させることによって世の中が改まることにより、目的がたっせられるが、そのさい特別な神霊が発現することによって、一つの奇蹟がおこり、世直しが行われるだろうとする期待が潜在的にいだかれているのである。

大杉明神の祭りやお蔭参りや幕末のエエジャナイカをもそうした文脈からとらえることは可能であろう。急激に流行した神仏に熱狂的な群参がある場合も同様な社会心理現象とみなされるのである。

神秘領域への関心

現代の世相に大きな比重を占めている、超自然的かつ神秘的領域への異常な関心は、かつて柳田国男が注目した「不可思議な民衆の心理」の一つの発現にほかならないのである。その淵源の一つを示すと思われる江戸の流行神現象の構造には、やたらに神や仏をはやらせる「祀り棄て」の心意がベースにあり、アニミズムやシャーマニズムの特徴とうまく結びつくことにより、民俗文化として顕在化していたのである。

それが大都市を中心とした都市民俗として、研究の対象となってくることも明らかなのである。近年の藤田庄市の『拝み屋さん』(弘文堂、一九九〇)は、そうした実態を知る上で貴重な文献の一つである。

たとえば福岡県粕屋郡篠栗《ささぐり》町の庄崎良清という「霊能祈禱師」の事例をみると、客の年齢、性別は、中年以上の女性、ちょうど子どもが青年期や社会に出てまもない年代の女性が約六〇パーセントを占めていた。それらの女性は、福岡市を中心とした都市住民が多いという。拝みの相談内容については、病気、精神異状、子どもの進学、仕事、縁組みについてであり、いずれも災因についての相談ばかりである。

それにたいして、霊能者のお告げがある。災因としてとらえると、水子霊の障り、先祖霊の障り、水神、稲荷の祟りなどがあげられている。現代の祟りのうちで、水子霊の祟りが圧倒的に多いことはこれまでも指摘されてきた。

江戸時代には、「水子」の概念はきわめて乏しい。たとえば不義密通して妊娠して、世間をはばかり堕胎をせざるをえないという状況に追いこまれた当時の女性は多かっただろう。そういう状況に追いこんだ男性にたいして、堕胎の犠牲となった胎児たちの怨霊が跳梁するというフォークロアはあるけれど、そのさい「水子」という表現は使われてはいないのである。

井原西鶴『好色一代女』の挿絵のなかには、蓮の葉でつくった笠をつけ、下半身が血まみれとなった童子の妖怪が描かれており、そうした怨念の具象化はなされているようである。それが地下水脈となっていてどっと噴出してきたのが、高度成長期を迎えた現代日本であり、列島こぞって地域開発、都市化の道が高揚した時期なのであった。

人びとが極端に神秘的領域に関心をいだきはじめ、統計上でも、霊魂や他界への信仰が増大しつつあるということは、昭和五三、四年以後顕著な社会的事実となっている。このことは、もはや止めようもない、現代都市の宿命ともいえるものであり、民俗学の概念からいうとケガレの増幅作用にほかならないのである。

現実を認識する手だてとして「水子」の概念を強調し、ケガレのよってきたるところを説明しようとする営みは跡をたたないのである。現代の都市民俗は、こうしたケガレを媒介項にさらにその領域を拡大していくことになるだろうし、私たちはそれに

井原西鶴『好色一代女』より、蓮の葉笠をかぶった子どもの亡霊たち。

対抗する再生手段の発見に努めることを怠ってはならないのである。

あとがき

本書は、若い世代の人たちに最近の民俗学の一端を平易に説明することを目的として編まれたものだが、民俗学の分野が多岐にわたっているので、焦点が分散してしまう恐れがある。全体を総花的に解説するよりも、目下私自身で考えられる範囲でとりわけ関心のもっているトピックを中心にまとめるという内容になった。それゆえ、いささか偏見に満ちている部分のあることをお許しいただきたいと思っている。

民俗学の目的は、柳田国男『郷土生活の研究法』に示されているとおり、まず各地を歩き見て聞いてきたところの資料を集め、それらを民俗資料としてきちんと分類することに一つの意義があった。いきおい都会人が地方のいなかにおもむいて、珍しい風俗習慣に驚き、それらを克明に記録にとることが大切だと思われていた。生活のなかに保存されている民具や、口碑として伝えられてきた昔話、民話の類が一次資料となり、それらを通して古風な民俗社会を探ることが中心となっていたから、民俗学は古い過去の生活だけにこだわっているだけではないかといった評価もあった。

しかし、民俗は古い一つの型にはまったままのものではなく、いつも変化しつつ新たに生まれてくるものである。変容と創造のくり返しが民俗文化の基本であるならば、なにも山奥の村や町だけを選ぶのが民俗学の姿とはいえないのである。柳田は見る聞く対象物のほかに、現実の世界に隠れて見えないものの発見に努めることをすすめた。それが民俗学の基本的態度ではないかというのである。それは「心意」という概念でとらえられるもので、他所からきた旅人がついにとらえることのできない、いわばその土地の根生《ねお》いの感情だという。

「心意」はその土地に限定されず、日本列島のいたるところに地域性はあるにしても、深層に横たわっている「不思議」の世界であるのかもしれない。それは昔からのいなかの土地にもあるし、高層ビルの林立する大都会のなかにもひそんでいるのかもしれない。ようするに地域社会の人びとが共有する「心意」の本質をとらえる立場は、山村漁村農村以外にも存在していることは明らかなのである。

そうした自明の理を十分に説明できなかったことは私たちの不勉強さのためである。

近年、「都市民俗」への関心が高まっているのも、そうした理由が潜んでいるといえよう。

本書でも私自身具体的なトピックについて論じていきながら、そうした「心意」の性格をいろいろ考えあぐねている段階である。結局私たちが現在民俗事象を支えているさまざまな「心意」のあり方を探っていくと、今生きていることへの不安、それは「畏れ」とか「怖さ」という用語で説明される内容ではないかという思いにたっした。

最近上演された山田太一氏の「川の向こうで人が呼ぶ」という作品がある。こちらの世界で生きている現代サラリーマンの典型のような中年男が、がんやエイズにかかったと思いこみ、いよいよ死が近づいたと錯覚して家族内に起こってくるトラブルが喜劇調で描かれているなかなかの傑作である。劇中、男の母親が幽霊として出現し、子と会話をする場面がある。

もちろん主人公の男だけが幽霊を見ることができるが、他者は皆見ることはできない。男は現実に死を意識することによって、現世が思いもかけずすばらしいものだと感じ、幽霊との会話によって向こうの世界に憧れる。結局がんでもエイズでもない主人公は元のもくあみになるのであり、あの世から出現していた母親もまた「他界」へと去ってしまう。しかし最後の一瞬、川の向こうにある「他界」をすべての者が感じとるという共同幻想が蘇って幕となる。

こういう異界へのあこがれが、現代人の「心意」としてよどんでいるのかもしれない。すべてに合理化された日常的世界の「現在」にあって、人は異界の存在を認めようとしないが、無意識のうちにはいつも日常性のなかにひそむ不安の念をもちつづけている。それがフォークロアとして突然蘇ることがある。隠れて見えない「心意」が「怖さ」という表現をとって感じられないだろうかという思いが本書のタイトルになったのである。

日ごろからのもたつきがあって思うように書けないでいたため、編集部の土器屋泰子氏にはいろいろとごめんどうをおかけしたことを記し、ここにあらためて謝意を表したい。

一九九一年六月

宮田　登

本書は、一九九一年七月二〇日、ちくまプリマー・ブックス『怖さはどこからくるのか』として筑摩書房から刊行された。

名指導書で読む
筑摩書房 なつかしの高校国語　筑摩書房編集部編

名だたる文学者による編纂・解説で長らく学校現場で愛された幻の国語教材。教室で親しんだ名作と、珠玉の論考からなる傑作選が遂に復活！

柳田国男を読む　赤坂憲雄

稲作・常民・祖霊のいわゆる「柳田民俗学」の向こう側にこそ、その思想の豊かさと可能性があった。テクストを徹底的に読み込んだ、柳田論の決定版。

夜這いの民俗学・夜這いの性愛論　赤松啓介

筆おろし、若衆入り、水揚げ……。古来、日本人は性に対し大らかだった。在野の学者が集めた、柳田が切り捨てた性民俗の実像。（上野千鶴子）

差別の民俗学　赤松啓介

人間存在の病巣〈差別〉。実地調査を通して、その実態・深層構造を詳らかにし、根源的解消を企図した赤松民俗学のひとつの到達点。（赤坂憲雄）

非常民の民俗文化　赤松啓介

柳田民俗学による「常民」概念を逆説的な梃子として、「非常民」こそが人間であることを宣言した、赤松民俗学最高の到達点。（阿部謹也）

日本の昔話（上）　稲田浩二編

神々が人界をめぐり鶴女房が飛来する語りの世界。はるかな時をこえて育まれた各地の昔話の集大成。上巻は「桃太郎」などのむかしがたり103話を収録。

日本の昔話（下）　稲田浩二編

ほんの少し前まで、昔話は幼な子が人生の最初に楽しむ文芸だった。下巻には「かちかち山」など動物昔話29話、笑い話123話、形式話7話を収録。

増補 死者の救済史　池上良正

未練を残しこの世を去った者に、日本人はどう向き合ってきたか。民衆宗教史の視点からその宗教観・死生観を問い直す。「靖国信仰の個人性」を増補。

神話学入門　大林太良

神話研究の系譜を辿りつつ、民族・文化との関係を解明し、解釈に関する幾つもの視点、神話の分類、類話の分布などについても詳述する。（山田仁史）

アイヌ歳時記　萱野茂

アイヌ文化とはどのようなものか。その四季の暮らしをたどりながら、食文化、習俗、神話・伝承、世界観などを幅広く紹介する。（北原次郎太）

異人論　小松和彦

「異人殺し」のフォークロアの解析を通し、隠蔽され続けてきた日本文化の「闇」の領野を透視する。新しい民俗学誕生を告げる書。（中沢新一）

聴耳草紙　佐々木喜善

昔話発掘の先駆者として「日本のグリム」とも呼ばれる著者の代表作。故郷・遠野の昔話を語り口を生かして綴った一八三篇。（益田勝実／石井正己）

民間信仰　桜井徳太郎

民衆の日常生活に息づく信仰現象や怪異の正体とは？　柳田門下最後の民俗学者が、日本人の暮らしの奥に潜むものを生き生きと活写。（岩本通弥）

差別語からはいる言語学入門　田中克彦

サベツと呼ばれる現象をきっかけに、ことばというものの本質をするどく追究。誰もが生きやすい社会を構築するための、言語学入門！（礫川全次）

汚穢と禁忌　メアリ・ダグラス　塚本利明訳

穢れや不浄を通し、秩序や無秩序、存在と非存在、生と死などの構造を解明。その文化のもつ体系的宇宙観に丹念に迫る古典的名著。（中沢新一）

宗教以前　高取正男　橋本峰雄

日本人の魂の救済はいかにして実現されうるのか。民俗の古層を訪ね、今日的な宗教のあり方を指し示す、幻の名著。（阿満利麿）

日本伝説集　高木敏雄

全国から集められた伝説より二五〇篇を精選。民話のほぼ全ての形式と種類を備えた決定版。日本人の原風景がここにある。（香月洋一郎）

人身御供論　高木敏雄

人身供犠は、史実として日本に存在したのか。民俗学草創期に先駆的業績を残した著者の、表題作他全13篇を収録した比較神話・伝説論集。（山田仁史）

儀礼の過程
ヴィクター・W・ターナー
冨倉光雄訳

社会集団内で宗教儀礼が果たす意味と機能を明らかにし、コムニタスという概念で歴史・社会・文化の諸現象の理解を試みた人類学の名著。（福島真人）

日本の神話
筑紫申真

八百万の神はもとは一つだった⁉ 天皇家統治のために創り上げられた記紀神話を、元の地方神話に解体すると、本当の神の姿が見えてくる。（金沢英之）

河童の日本史
中村禎里

ぬめり、水かき、悪戯にキュウリ。異色の生物学者が、時代ごと地域ごとの民間伝承や古典文献を精査。〈実証分析的〉妖怪学。（小松和彦）

初版 金枝篇（上）
J・G・フレイザー
吉川信訳

人類の多様な宗教的想像力が生み出した多様な事例を収集し、その普遍的説明を試みた社会人類学最大の古典。膨大な註を含む初版の本邦初訳。

初版 金枝篇（下）
J・G・フレイザー
吉川信訳

なぜ祭司は前任者を殺さねばならないのか？ そして、殺す前になぜ〈黄金の枝〉を折り取るのか？ 事例の博捜の末、探索行は謎の核心に迫る。

火の起原の神話
J・G・フレイザー
青江舜二郎訳

人類はいかにして火を手に入れたのか。世界各地より夥しい神話や伝説を渉猟し、文明初期の人類の精神世界を探った名著。（前田耕作）

未開社会における性と抑圧
B・マリノフスキー
阿部年晴／真崎義博訳

人類における性は、内なる自然と文化的力との相互作用のドラマである。この人間存在の深淵に到るテーマを比較文化的視点から問い直した古典的名著。

ケガレの民俗誌
宮田登

被差別部落、性差別、非常民の世界など、日本民俗の深層に根づいている不浄なる観念と差別の問題を考察した先駆的名著。（赤坂憲雄）

はじめての民俗学
宮田登

現代社会に生きる人々が抱く不安や畏れ、怖さの源はどこにあるのか。民俗学の入門的知識をやさしく説きつつ、現代社会に潜むフォークロアに迫る。

南方熊楠随筆集　益田勝実編
博覧強記にして奔放不羈、稀代の天才にして孤高の自由人・南方熊楠。この猥雑なまでに豊饒な不世出の頭脳のエッセンス。（益田勝実）

奇談雑史　宮負定雄　佐藤正英／武田由紀子校訂・注
霊異、怨霊、幽明界など、さまざまな奇異な話の集大成。柳田国男は、本書より名論文「山の神とヲコゼ」を生み出す。日本民俗学、説話文学の幻の名著。

贈与論　マルセル・モース　吉田禎吾／江川純一訳
「贈与と交換こそが根源的人類社会を創出した」。人類学、宗教学、経済学ほか諸学に多大の影響を与えた不朽の名著、待望の新訳決定版。

山口昌男コレクション　山口昌男　今福龍太編
20世紀後半の思想界を疾走した著者の代表的論考をほぼ刊行編年順に収録。この独創的な人類学者＝思想家の知の世界を一冊で総覧する。（今福龍太）

身ぶりと言葉　アンドレ・ルロワ＝グーラン　荒木亨訳
先史学・社会文化人類学の泰斗の代表作。人の生物学的進化、人類学的発展、大脳の発達、言語の文化的機能を壮大なスケールで描いた大著。（松岡正剛）

世界の根源　アンドレ・ルロワ＝グーラン　蔵持不三也訳
人間の進化に迫った人類学者ルロワ＝グーラン。半生を回顧しつつ、人類学・歴史学・博物館の方向性、言語・記号論・身体技法等を縦横無尽に論じる。

民俗地名語彙事典　松永美吉　日本地名研究所編
柳田国男の薫陶を受けた著者が、博捜と精査により日本の地名に関する基礎情報を集成。土地の記憶を次世代へつなぐための必携の事典。（小田富英）

日本の歴史をよみなおす（全）　網野善彦
中世日本に新しい光をあて、その真実と多彩な横顔を平明に語り、日本社会のイメージを根本から問い直す。超ロングセラーを続編と併せ文庫化。

米・百姓・天皇　網野善彦　石井進
日本とはどんな国なのか、なぜ米が日本史を解く鍵なのか、通史を書く意味は何なのか。これまでの日本史理解に根本的転回を迫る衝撃の書。（伊藤正敏）

列島の歴史を語る　網野善彦　藤沢・網野さんを囲む会編
日本は決して「一つ」ではなかった！　中世史に新次元を開いた著者が、日本の地理的・歴史的な多様性と豊かさを平明に語った講演録。（五味文彦）

列島文化再考　網野善彦／塚本学／坪井洋文／宮田登
近代国家の枠組みに縛られた歴史観をくつがえし、列島に生きた人々の真の姿を描き出す、歴史学・民俗学の幸福なコラボレーション。（新谷尚紀）

日本社会再考　網野善彦
歴史の虚像の数々を根底から覆してきた網野史学。漁業から交易まで多彩な活躍を繰り広げた海民に光をあて、知られざる日本像を鮮烈に甦らせた名著。

図説　和菓子の歴史　青木直己
饅頭、羊羹、金平糖にカステラ、その時々の外国文化の影響を受けながら多種多様に発展した和菓子。その歴史を多数の図版とともに平易に解説。

今昔東海道独案内　東篇　今井金吾
いにしえから庶民が辿ってきた幹線道路・東海道。日本人の歴史を、著者が自分の足で辿りなおした名著。東篇は日本橋より浜松まで。（今尾恵介）

物語による日本の歴史　石母田正　武者小路穣
古事記から平家物語まで代表的古典文学を通して、国生みからはじまる日本の歴史を子ども向けにやさしく語り直す。網野善彦編集の名著。（中沢新一）

増補　学校と工場　猪木武徳
経済発展に必要とされる知識と技能は、どこで、どのように修得されたのか。学校、会社、軍隊など、人的資源の形成と配分のシステムを探る日本近代史。

居酒屋の誕生　飯野亮一
寛延年間の江戸に誕生しすぐに大発展を遂げた居酒屋。しかしなぜ他の都市ではなく江戸だったのか。一次資料を丹念にひもとき、その誕生の謎にせまる。

すし　天ぷら　蕎麦　うなぎ　飯野亮一
二八蕎麦の二八とは？　握りずしの元祖は？　なぜうなぎに山椒？　膨大な一次史料を渉猟しそんな疑問を徹底解明。これを読まずに食文化は語れない！

天丼 かつ丼 牛丼 うな丼 親子丼　飯野亮一

身分制の廃止で作ることが可能になった親子丼、関東大震災が広めた牛丼等々、どんぶり物二百年の歴史をさかのぼり、驚きの誕生ドラマをひもとく！

増補 アジア主義を問いなおす　井上寿一

侵略を正当化するレトリックか、それとも真の共存共栄をめざした理想か。アジア主義を外交史的観点から再考し、その今日的意義を問う。増補決定版。

十五年戦争小史　江口圭一

満州事変、日中戦争、アジア太平洋戦争を一連の「十五年戦争」と捉え、戦争拡大に向かう曲折にみちた過程を克明に描いた画期的通史。（加藤陽子）

たべもの起源事典 日本編　岡田哲

駅蕎麦・豚カツにやや珍しい郷土料理、レトルト食品・デパート食堂まで。広義の〈和〉のたべものと食文化事象一三〇〇項目収録。小腹のすく事典！

ラーメンの誕生　岡田哲

中国のめんは、いかにして「中華風の和食めん料理」へと発達を遂げたか。外来文化を吸収する日本人の情熱と知恵。丼の中の壮大なドラマに迫る。

士（サムライ）の思想　笠谷和比古

中世に発する武家社会の展開とともに形成された日本型組織。「家（イエ）」を核にした組織特性と派生する諸問題について、日本近世史家が鋭く迫る。

三八式歩兵銃　加登川幸太郎

旅順の堅塁を白襷隊が突撃した時、特攻兵が敵艦に突入した時、日本陸軍は何をしたのであったか。元陸軍将校による渾身の興亡全史。（一ノ瀬俊也）

わたしの城下町　木下直之

攻防の要である城は、明治以降、新たな価値を担い、日本人の心の拠り所として生き延びる。城と城のようなものを歩く著者の主著、ついに文庫に！

東京の下層社会　紀田順一郎

性急な近代化の陰で生みだされた都市の下層民。落伍者として捨て去られた彼らの実態に迫り、日本人の人間観の歪みを焙りだす。（長山靖生）

原典訳 チベットの死者の書　川崎信定訳

死の瞬間から次の生までの間に魂が辿る四十九日の旅——中有（バルドゥ）のありさまを克明に描き、死者に正しい解脱の方向を示す指南の書。

インドの思想　川崎信定

多民族、多言語、多文化。これらを併存させるインドという国を作ってきた考え方とは。ヒンドゥー教や仏教等、主要な思想を案内する恰好の入門書。

旧約聖書の誕生　加藤隆

旧約聖書は多様な見解を持つ文書を寄せ集めて作られた書物である。各文書が成立した歴史的事情から旧約を読み解く。現代日本人のための入門書。

神道　トーマス・カスーリス　衣笠正晃訳　守屋友江監訳

日本人の精神構造に大きな影響を与え、国の運命をも変えてしまった「カミ」の複雑な歴史を、米比較宗教学界の権威が鮮やかに描き出す。

ミトラの密儀　フランツ・キュモン　小川英雄訳

東方からローマ帝国に伝えられ、キリスト教と覇を競った謎の古代密儀宗教。その全貌を初めて明らかにした、第一人者による古典的名著。（前田耕作）

生の仏教 死の仏教　京極逸蔵

アメリカ社会に大乗仏教を根付かせた伝道師による、世界一わかりやすい仏教入門。知識としてではなく、心の底から仏教が理解できる！（ケネス田中）

空海コレクション1　空海　宮坂宥勝監修

主著『十住心論』の精髄を略述した『秘蔵宝鑰』、及び顕密を比較対照して密教の特色を明らかにした『弁顕密二教論』の二篇を収録。（立川武蔵）

空海コレクション2　空海　宮坂宥勝監修

真言密教の根本思想『即身成仏義』『声字実相義』『吽字義』及び密教独自の解釈による『般若心経秘鍵』と『請来目録』を収録。（立川武蔵）

空海コレクション3 秘密曼荼羅十住心論（上）　福田亮成校訂・訳

日本仏教史上最も雄大な思想書。無明の世界から抜け出すための光明の道を、心の十の発展段階（十住心）として展開する。上巻は第五住心までを収録。

空海コレクション4 秘密曼荼羅十住心論（下）　福田亮成校訂・訳

下巻は、大乗仏教から密教へ。第六住心の唯識、第七中観、第八天台、第九華厳を経て、第十の法身大日如来の真実をさとる真言密教の奥義までを収録。

鎌倉仏教　佐藤弘夫

宗教とは何か。それは信念をいかに生きるかということだ。法然・親鸞・道元・日蓮らの足跡をたどり、鎌倉仏教を「生きた宗教」として鮮やかに捉える。

観無量寿経　佐藤春夫訳・注　石田充之解説

我が子に命狙われる「王舎城の悲劇」で有名な浄土仏教の根本経典。思い通りに生きることのできない我々を救う究極の教えを、名訳で読む。（阿満利麿）

大乗とは何か　三枝充悳

仏教が世界宗教としての地位を得たのは大乗仏教においてである。重要経典・般若経の成立など諸考察を収めた本書は、仏教への格好の入門書となろう。

道教とはなにか　坂出祥伸

「道教がわかれば、中国がわかる」と魯迅は言った。伝統宗教として現在でも民衆に根強く崇拝されている道教の全貌とその究極的真理を詳らかにする。

増補 日蓮入門　末木文美士

多面的な思想家、日蓮。権力に挑む宗教家、内省的な理論家、大らかな夢想家など、人柄に触れつつ遺文を読解き、思想世界を探る。（花野充道）

反・仏教学　末木文美士

人間は本来的に、公共の秩序に収まらないものを抱えた存在だ。〈人間〉の領域＝倫理を超えた他者／死者との関わりを、仏教の視座から問う。

禅に生きる 鈴木大拙コレクション　鈴木大拙　守屋友江編訳

静的なイメージで語られることの多い大拙。しかし彼の仏教は、この世をよりよく生きていく力を与えるアクティブなものだった。その全貌に迫る著作選。

文語訳聖書を読む　鈴木範久

明治期以来、多くの人々に愛読されてきた文語訳聖書。名句の数々とともに、日本人の精神生活と表現世界を豊かにした所以に迫る。文庫オリジナル。

ちくま学芸文庫

はじめての民俗学《みんぞくがく》　怖《こわ》さはどこからくるのか

二〇一二年八月十日　第一刷発行
二〇二五年三月五日　第五刷発行

著者　宮田登（みやた・のぼる）
発行者　増田健史
発行所　株式会社　筑摩書房
東京都台東区蔵前二―五―三　〒一一一―八七五五
電話番号　〇三―五六八七―二六〇一（代表）
装幀者　安野光雅
印刷所　三松堂印刷株式会社
製本所　三松堂印刷株式会社

ISBN978-4-480-09482-7　C0139